红军长征史

青少年图文版

张树军　杨婷◎编著

北方联合出版传媒（集团）股份有限公司
万卷出版公司

目　录

>>>

长征的序幕

>>>

中央红军开始长征

>>>

转战云贵川，摆脱围追堵截

>>>

红四方面军的策应

>>>

红二十五军的长征与西北根据地的发展

>>>

红四方面军南下与红二、红六军团的长征

>>>

长征的胜利结束

长征的序幕

蒋介石发动第五次军事“围剿”

重兵“围剿”根据地 >>>

1933年9月，蒋介石出动100万军队、200多架飞机，自任总司令，对各个革命根据地发起规模最大的一次“围剿”。

蒋介石第五次“围剿”的重点是中央革命根据地，他集中50万兵力，亲自坐镇南昌指挥。这次“围剿”，蒋介石采取持久作战和堡垒主义的新战略，并在经济上对苏区严密封锁，企图彻底消灭红军，摧毁各个革命根据地。

当时，中央苏区红军已经发展到8万多人，如果采取正确的战略战术，打破敌人的第五次“围剿”仍然是可

蒋介石在检阅参加第五次“围剿”的部队

能的。可是，在这严峻的局势面前，以博古为首的中共临时中央却犯了“左”倾冒险主义错误，实行错误的军事指导。

人物 李德

事件 第五次反“围剿”

地点 中央苏区

☆ 事件背景 ☆

在 1927 年第一次大革命失败后，中国共产党率领广大群众继续进行英勇的武装斗争，组建红军队伍，开辟革命根据地，开展土地革命，建立各级政权，革命烈火重新在广大地区燃烧起来。蒋介石从 1930 年秋开始，对红军接连发动大规模的军事“围剿”。在毛泽东正确军事思想的指导下，红军粉碎了前四次“围剿”。

李德独断专权 >>>

1933 年 10 月初，共产国际派来的军事顾问李德从上海来到中央苏区。中共临时中央的负责人博古对李德十分依赖和支持，完全剥夺了毛泽东对红军的指挥权，由李德的独断专权取代了军委的集体领导，把反“围剿”的军事指挥大权完全交给李德。但李德只有第一次世界大战中那种正规阵地战的经验，根本不懂得中国革命战争的具体特点。他抛弃了红军多年血战取得的成功经验，反对“诱敌深入”，命令红军全线出击，“短促突击”，“两个拳头作战”，企图实现“御敌于国门之外”，结果使红军辗转于敌军主力和堡垒之间，陷于被动地位，常常吃败仗。这本来都是李德的主观主义瞎指挥造成的，可是他却动不动就训斥处分别人，不断发脾气骂人，根本听不得反对意见。

黎川失守 >>>

1933 年 9 月 25 日，国民党军队 3 个师向黎川发动进攻。黎川位于闽赣交界地区，战略地位十分重要。当时红军闽赣军区防守黎川的兵力只有一支70人的教导队和一些游击队，力量很薄弱。军区司令员兼政治委员萧劲光建议红军主力在黎川东北一带集结，从侧翼打击敌军，不能死守黎川。毛泽东也认为应该放弃黎川，诱敌深入到建宁、泰宁地区，集中红军主力，在运动战中歼灭敌军。

可是，正确的建议没有被采纳，“左”倾冒险主义领导者下命令死守黎川，不能丢失一寸土地。敌我力量太过悬殊，萧劲光不得已带领部队撤出黎川城。9月28日，国民党军队占领黎川，并加紧构筑工事，企图迅速完成堡垒封锁线。

博古、李德对于黎川失守非常震怒，根本不考虑具体的敌情，一味命令红一方面军冒险进攻，收复黎川。在这种错误思想的指导下，从10月上旬到11月中旬，红一方面军先后进行多次战斗，不但未能收复黎川，反而使部队遭受很大的伤亡。

第五次反“围剿”初期作战失利了。博古、李德没有认真吸取教训，却对提出不同意见的同志进行无情的打击。萧劲光首当其冲，被关押起来，由最高临时军事裁判法庭进行公审，开除党籍和军籍，判5年徒刑。还有人主张判萧劲光死刑，在毛泽东、王稼祥等的坚决反对下，萧劲光才保住了性命。

重要人物介绍

李德（1900—1974），原名奥托·布劳恩，德国人。第一次世界大战期间当兵上过前线，并在巴伐利亚参加革命军队。1919年4月，在慕尼黑进行过街垒战。1920年，他作为德国共产党的工作人员被捕入狱，后越狱秘密逃往苏联。1928年，进入苏联伏龙芝军事学院，接受战术和战略方面的训练。被共产国际派到中国后，取名李德。第五次反“围剿”期间，同当时的中央“左”倾领导者实行错误的军事指挥，使红军受到重大损失。遵义会议上受到批判，被取消红军的最高指挥权。后随红军长征到陕北。1939年秋离开中国返回苏联。1941年参加苏联卫国战争。1954年回到民主德国。

错失“福建事变”的良机 >>>

1933 年 11 月 20 日，以陈铭枢、蒋光鼐、蔡廷锴为首的国民党第十九路军将领，联合国民党内李济深等一部分反对蒋介石的势力，在福州发动“福建事变”，成立“中华共和国人民革命政府”，公开宣布与蒋介石国民党政府决裂。蒋介石从“围剿”中央苏区的兵力中抽调 11 个师，与江浙一带的部队编成“入闽军”，由蒋鼎文率领，前去镇压第十九路军，而对中央苏区暂时采取守势。这样，中央苏区的东、北面压力大为减轻。

此时的形势对红军非常有利。周恩来、张闻天、毛泽东都建议红军趁机阻击蒋介石的“入闽军”，与第十九路军相互配合，将战略防御转变为战略进攻。但是，以博古为首的中共临时中央，根本不懂得建立统一战线的重要性，他们拒绝采纳正确的建议，认为第十九路军的行动是“欺骗群众”，不肯与之军事配合。结果，福建人民政府孤立无援，难以支撑，在蒋介石的军事打击和分化下很快失败。蒋介石又可以腾出手全力进攻中央苏区，红军错失了一次大好机会。朱德后来回忆，“在五次反‘围剿’中最大的关键就在这里，实在太可惜了”。

红军长征史考场

问：国民党军队第五次“围剿”是何时开始的？

答：1933年9月。

广昌保卫战

陷入最困难的时期 >>>

1934年1月中旬，在第五次反“围剿”接连失利的情况下，中共临时中央在瑞金召开了六届五中全会，博古主持会议并做报告。会议设立中央书记处，也称常务委员会，当时在中央苏区的书记有博古、洛甫（张闻天）、周恩来、项英、陈云，另外还有在苏联的王明和在川陕苏区的张国焘。这次全会是“左”倾冒险主义错误发展的顶点。在军事指挥上，李德建议并经临时中央决定，将红一方面军总部与中央革命军事委员会（简称中革军委）合并，所属部队再次改称中央红军，直属于中革军委和工农红军总指挥部指挥。2月3日，中革军委进行了局部调整，朱德仍任主席，周恩来、王稼祥任副主席，但实际指挥权仍把持在博古、李德的手中。

当时，博古、李德要求红军在重

博古

“围剿”红军的敌机

要地段构筑堡垒，企图以阵地战结合“短促突击”顶住国民党军队的进攻。在错误的作战方针指挥下，红军接连失利，根据地日渐缩小，第五次反“围剿”陷入最困难的时期。

红军伤亡惨重 >>>

4月初，按照蒋介石“会师赣南”的命令，国民党军队集中11个师，由陈诚统一指挥，向广昌发动进攻。中革军委命令红一、红三军团和红五军团第十三师，从福建迅速回师江西，又从龙冈地区调来兵力，组成临时司令部，博古为政委，但实际上是李德为总司令。他们不顾红军连续作战、十分疲劳、减员很大的情况，准备在广昌以北地区与国民党军队“决战”。

4月10日6时，国民党军队开始向广昌进攻。广大红军指战员积极响应中共中央“武装保卫赤色广昌，不让敌人侵占苏区寸土”的号召，英勇奋战，坚守阵地，连续打退敌人两次进攻，歼敌第三十三团大部，俘虏敌人团长以下官兵120余人。陈诚调整了兵力部署，在盱江东岸钳制红军主力，改由西岸向前推进。但是，博古、李德不察敌情的变化，不顾敌我双方的装备差距，只是一味相信构筑的永久性工事，仍命令中央红军主力坚守河东阵地，用土枪对抗敌人的飞机大炮。

人物 博古

事件 广昌保卫战

地点 江西

4月27日，国民党军队集中10个师，开始会攻广昌。一个炮兵旅轰击，三四十架飞机配合，不到半天，就把李德所谓的永久性工事炸平了，守备在工事里的一营红军战士，一个也没能出来，全部壮烈牺牲。激战一天，红军发动了多次突击，都没有成功，伤亡近千人。

☆ 事件背景 ☆

广昌位于江西盱江西岸，是中央苏区的北大门，战略地位十分重要。蒋介石在镇压福建人民政府之后，重新集结11个师的兵力向广昌发动进攻，企图以此打开缺口，一举消灭中央红军和中央苏区。在红军和国民党军队力量对比悬殊的条件下，是避开锋芒、保存实力，还是脱离实际坚持阵地战和消耗战，关系到反“围剿”的成败。

博古、李德被迫放弃坚守广昌的计划，命令红军退出。至此，历时18天的广昌保卫战结束，中央红军击毙、击伤、俘虏敌人共2626人，但自身伤亡却多达5093人，几乎占了参战总人数的1/4。此役是红军历史上最典型的阵地战、消耗战，伤亡惨重，给反“围剿”带来了极为有害的影响。

指战员严厉批评李德 >>>

广昌保卫战的惨败，部队遭受的重大损失，

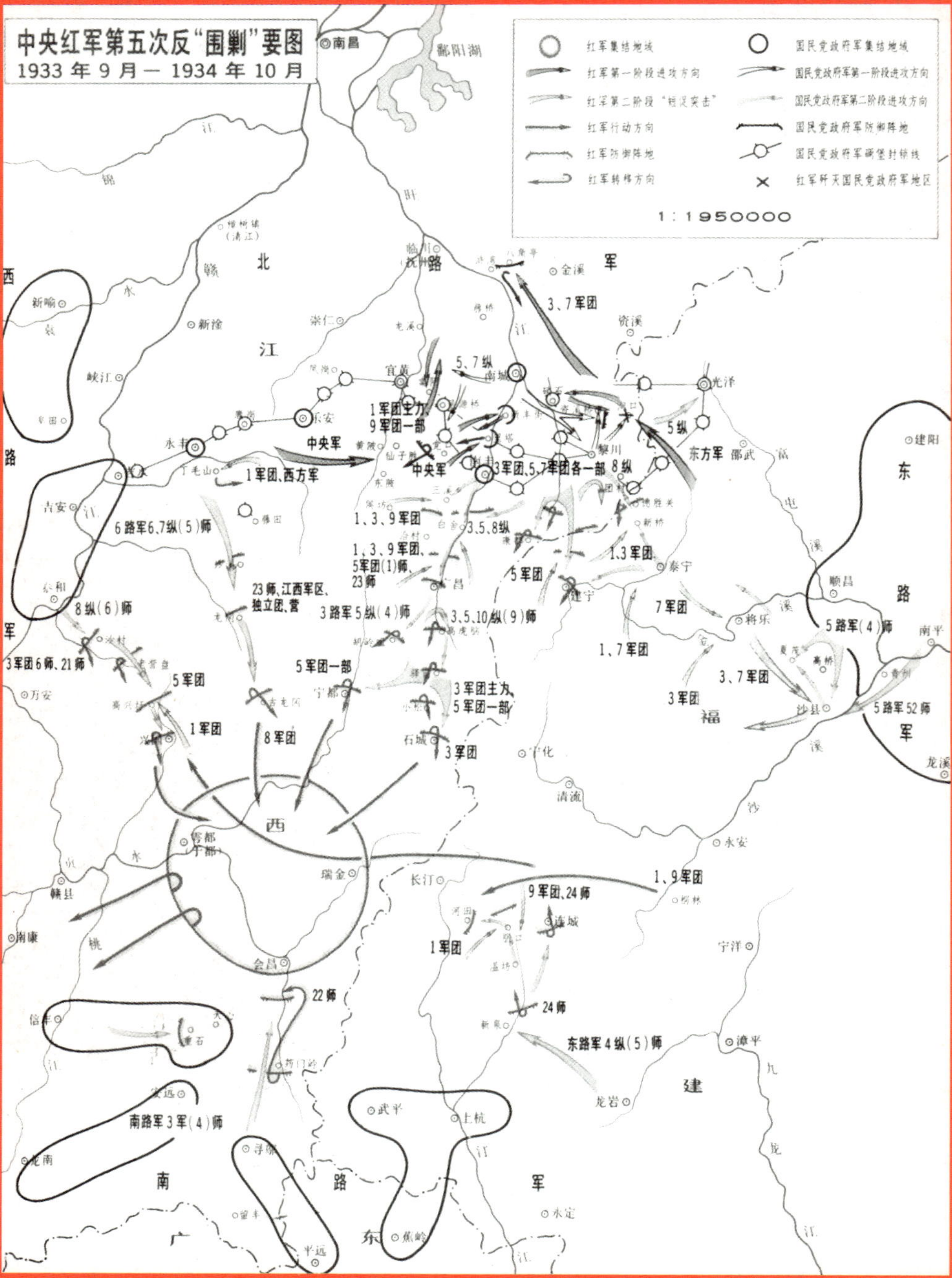

中央红军第五次反"围剿"要图，1933年9月—1934年10月

让广大红军指战员非常痛心，对博古、李德的军事指挥极为不满。彭德怀与李德发生了激烈的争执。李德暴跳如雷，大声地责骂批评彭德怀；彭德怀也不顾个人安危，和李德针锋相对，严厉地批评他是“图上作业的战术家”，葬送了来之不易的根据地，是“崽卖爷田心不疼”。

在后方的毛泽东尖锐地指出广昌战役是个灾难。曾经支持“左”倾冒险主义的张闻天也开始怀疑李德的指挥。在一次中革军委会议上，他批评博古过于重用李德，说中国的事情不能完全依靠外国人，自己要有点主意；博古说张闻天是普列汉诺夫反对1905年俄国工人武装暴动的机会主义思想。两人争论得面红耳赤，相持不下。

红三军团军团长彭德怀

红军总参谋长刘伯承也很不满意李德的错误指挥。有一次，李德到总参谋部，几个机要员在路边做饭，挡了他的路，他竟然一脚把锅踢翻了。刘伯承怒不可遏，当场跟李德吵起来，结果被降级到红五军团当参谋长。

第五次反“围剿”失败 >>>

广昌保卫战失利后，博古、李德根本不顾部队遭受的重大伤亡，命令中央红军进行建宁保卫战。博古、李德拒绝采纳正确的建议，一意孤行，命令红军采用“堡垒对堡垒”“短促突击”的战法，同敌人拼消耗。结果，5月16日，红军在遭受较大伤亡后，被迫放弃建宁城。

此时，第五次反“围剿”已近10个月，中央苏区大大缩小，西起龙冈，中经广昌，东至建宁、泰宁、明溪（今归化）、永安、连城，南到筠门岭，都被国民党军队占领，形势非常险恶。苏区生产也遭到十分严重的破坏，部队供给不足，人民群众生活陷入困境。可是，博古、李德等人仍决定采取“六路分兵”“全线抵御”的方针，命令中央红军主力及一切地方武装在中央苏区内继续坚持斗争，企图通过主力红军的顽强抵抗和开展游击战，来求得战略上的变化。

在这种思想指导下，中央红军开始了更加艰苦的防御作战，部队遭受了更大的损失。“六路分兵”“全线抵御”不仅没有制敌，反而为敌所制，红军陷入更加被动的境地。苏区的范围也进一步缩小，人力、物力极度匮乏，红军在苏区内打破敌人的进攻已经根本没有可能。博古、李德等被迫放弃在苏区内抵御敌人的计划，决定于 10 月底或 11 月初，实行战略转移。

1934 年 9 月 26 日，国民党军队主力开始向中央苏区的中心区发动全面攻击；10 月 6 日，占领石城，并准备总攻瑞金、宁都。在这种情况下，“左”倾冒险主义领导者仓促提前退出中央苏区，向湘西实行战略转移。

至此，持续一年之久的第五次反“围剿”失败了。

红军长征史考场

问：红军历史上最典型的阵地战、消耗战是哪次战斗？

答：广昌保卫战。

北上抗日先遣队

成立抗日先遣队 >>>

1934年7月，中央苏区第五次反"围剿"作战接连失利，苏区形势极其严峻，中共中央、中华苏维埃共和国中央政府人民委员会、中央革命军事委员会决定：以中国工农红军第七军团组成抗日先遣队，军团长寻淮洲，政治委员乐少华，参谋长粟裕，政治部主任刘英；中共中央还决定派曾洪易为中央代表，随军行动。

红七军团是中央苏区红军主力中较新的一个军团，经过实战锻炼，逐渐发展成为一支英勇顽强、善于野战的队伍。但是，由于连续作战的消耗，全军团仅有4000余人，为了执行新任务，突击补充了2000多名新战士；他们的武器装备也较差，长短枪仅有1200余支，许多战士背着大刀、扛着梭镖。

中央要求红七军团北上闽浙赣皖边地区，发动游击战，开辟游击区，建立苏维埃根据地，开展抗日民主运动，并强调要大力宣传党的抗日主张，

红七军团用过的通信工具

人物　红七军团

事件　攻打福州

地点　福州

☆ 事件背景 ☆

1934年4月，红军广昌“决战”失利。国民党军队主力准备向中央苏区开始全面进攻，形势极其严峻。为了威胁国民党统治的腹地，以吸引和调动一部分“围剿”中央苏区的敌人，配合中央红军主力实行战略转移，中革军委决定组成北上抗日先遣队。

推动抗日民主运动的发展。对于北上的真正战略意图，军团领导人当时并不清楚。粟裕在回忆录里说：“后来我们才知道，当时中央派出这支部队的更加直接的目的，是企图以这一行动威胁国民党统治的腹地，吸引和调动一部分‘围剿’中央苏区的敌人，配合中央红军主力即将实行的战略转移。”

7月6日晚，红七军团从瑞金出发。7月底渡过闽江，沿途进行了几次战斗，缴获一批枪支弹药，歼敌、俘敌数百人，胜利地完成了第一步行动计划。

转战闽东闽北 >>>

渡过闽江后，按原定计划部队应该北上浙西、皖南，但中革军委却突然改变计划，命令红七军团东进，威胁并相机袭取福州，以期调动和吸引更多的国民党军队回援。红七军团主力改向福州方向前进，8月1日，占领水口镇，召开“八一”纪念大会，做攻打福州的战斗动员，并正式向部队宣布：红七军团对外以“中国工农红军北上抗日先遣队”的名义活动。

红军突然逼近福州，国民党当局极为震惊，东路军总司令蒋鼎文匆忙从漳州飞抵福州督战，急令驻闽东的第八十七师回防，派兵到闽江上游堵截红军，还急调在湖北整训的第四十九师由长江经上海驰援福州。8 月 7 日晚，红七军团对福州发起进攻，并联络地下党组织配合。但是，福州是福建省省会，防御工事坚固，而且守敌已经事先得到消息，有所准备，地下党力量太弱，也未能起到配合作用；再加上红军缺少攻坚装备，猛攻一昼夜，没能成功，部队反而受到损失，只好撤出战斗。这一仗，虽然给敌人一定的打击，但红军自身也有很大伤亡，而且暴露了红七军团的实力，对后来的北上行动非常不利。

此后，红七军团进入闽东游击区，在当地党组织、游击队和群众的协助下，打了几场胜仗，鼓舞了闽东人民群众的斗志。这是红军主力部队第一次到这个地区，当地党组织和群众十分兴奋和热情，青年子弟纷纷参军，红七军团也把战斗中缴获的几百支枪送给了地方党组织。

红七军团按照原定计划继续北上，连克数座县城，挺进闽北。在竹口附

红七军团军旗

抗日先遣队行动路线要图，1934年7月—1935年1月

近与浙江省保安纵队第二、第四团遭遇，红军抢占有利地形，俘敌200多人，在浙江首战告捷，声威大震。

连续作战，损失严重 >>>

红七军团到达闽北苏区后，原打算利用这里的有利条件短暂休整，总结经验教训，以利再战。但是，中革军委不同意他们的想法，要求他们立即北上。9月初，红七军团沿闽浙赣边境，向浙西挺进。一路上国民党军队围追堵截，声称要把红七军团全部消灭。红七军团与敌人进行了数场激战。

红七军团长期在敌占区行军作战，军需、兵源得不到补充。当时的中央代表曾洪易不听取不同的意见，又没有作战决心，对部队采取不负责任的态度，甚至到处散布悲观失望的论调。经过两个多月的艰苦转战，红七军团到达皖赣边婺德县时，原来的6000余人已不足2000人。

事实证明，急于让红七军团离开闽东、闽北，这是继攻打福州之后，中革军委在战略指导上的又一次重大失误。

红军长征史考场

问：北上抗日先遣队是由哪支部队组成的？

答：工农红军第七军团。

男儿到死心如铁

合编为红十军团 >>>

按照中革军委的命令，红七军团穿过敌人的两道封锁线，进入闽浙赣苏区，并于1934年11月初同红十军会合。闽浙赣苏区是方志敏领导创建的老苏区，主力红十军是配合中央苏区反“围剿”的一支重要力量。中革军委决定，将红七军团与红十军合编为红军第十军团，原浙赣军区司令员刘畴西任军团长；方志敏兼任闽浙赣军区司令员，粟裕任军区参谋长，后改任红十军团参谋长。

红十军军旗

当时，中央红军主力已退出中央革命根据地，成立了以项英为首的中央军区，原地坚持斗争。国民党军队加紧了对闽浙赣革命根据地的包围和进攻，形势日益严峻。中央军区要求红十军团全部从苏区出发，集结主力，在运动中消灭敌人，并创建皖浙边新苏区。

在当时的形势下，组成红十军团，并把长于游击战的红十军团和地方武装集中起来，进行大兵团活动，企图打大仗，这是战略指导上的又一重大失误，为后来红十军团的挫折和失败埋下了隐患。

谭家桥战役 >>>

人物　方志敏

事件　谭家桥战役

地点　黄山北麓

方志敏、刘畴西率领部队一路北上，在到达黄山北麓太平县谭家桥时与敌军遭遇。敌军以大部队抄捷径占据了谭家桥地区的制高点630高地，控制了乌泥关一带的公路。为挽回不利局面，红军指战员奋勇抗击，但敌人居高临下，火力强大，红军三次冲锋都未能成功。年轻骁勇的红十九师师长寻淮洲冒着枪林弹雨，身先士卒，勇猛冲杀，夺回了乌泥关，但部队也遭受了较大伤亡。敌军后续部队不断增援，红十军团被迫向北转移。寻淮洲身负重伤，不久就壮烈牺牲，年仅22岁。军团政治委员乐少华、政治部主任刘英等8名师以上干部，都相继负伤。

☆ 事件背景 ☆

中央红军开始战略转移后，国民党军队加紧了对闽浙赣革命根据地的包围和进攻。为了集结主力，在运动中消灭敌人，并创建皖浙边新苏区，方志敏、刘畴西率领部队一路北上。在遭到围追堵截和人员严重伤亡的情况下，不得不返回闽浙赣苏区。突围中，红十军团主力被困，司令员和军团长被捕。

敌军分三路围追堵截，红十军团艰苦转战，部队减员达1/3以上，不得不返回闽浙赣苏区。当时已经是1935年1月，正值寒冬，红军官兵仍穿着夹衣，粮食也早已吃完，沿途村庄老百姓的粮食被国民党军队洗劫一空，指战员们只能以草根、野果充饥。蒋介石集中近20万兵力，在赣东北设下层层埋伏，对红军形成包围之势。

在这种形势下，军团领导商定，由方志敏和粟裕率红十军团先头部队突破封锁线，进入闽浙赣地区；派人通知刘畴西、王如痴率军团主力同时行动。但是，由于下起大雪，刘畴西等考虑到部队连日行军，十分疲劳，要求就地休息一夜。方志敏决定自己留下来随军团主力行动，粟裕和负伤的乐少华、刘英率先头部队当晚乘夜色顺利通过敌人的封锁线。

方志敏被捕 >>>

国民党军队加紧了对红十军团主力的封锁和包围，组成多路“搜剿”队，纵横穿插，把红十军团主力分割成数段。红军经过长途行军作战，十分疲劳，陷入重围之后，弹尽粮绝，伤亡不断增加；又遇到天气骤变，雨雪交加，许多指战员几天粒米未进，以草根树皮充饥。在如此极端困难的情况下，他们仍顽强战斗，同敌人进行血战。敌人极端野蛮残忍，见人就杀，见房子就烧，把能搜出来的粮食全部烧掉。因为山高林密，不便搜索，敌人就放火烧山，走不动的伤病员，有些被烧死了，只有一小部分同志突围。军团主要领导人刘畴西、方志敏同志先后不幸被捕。

重要人物介绍

方志敏，江西弋阳人，1924 年 3 月加入中国共产党。1925 年 7 月当选国民党江西省党部执行委员兼农民部长。1927 年任省农民协会常务委员长兼秘书长，3 月当选中华全国农协临时执行委员会委员，是中国共产党农民运动的著名领导人之一。1928 年 1 月领导弋（阳）横（峰）农民起义，创建了赣东北革命根据地和红十军。1929 年任信江苏维埃政府主席。1930 年任信江革命委员会主席和赣东北革命委员会主席。1931 年 3 月当选赣东北省苏维埃政府主席，兼红十军代理政治委员，同年 11 月当选中华苏维埃共和国执行委员。1932 年任闽浙赣省苏维埃政府主席，接着任中共闽浙赣省委书记。1934 年 1 月在中共六届五中全会上补选为中央委员，并在中华苏维埃共和国第二届全国代表大会上当选为中央政府主席团委员。红十军团到达闽浙赣革命根据地后，任军政委员会主席。1935 年 1 月被捕，同年 8 月牺牲。

被捕后，方志敏已将生死置之度外，抱定了为革命献身的决心。敌人利诱他投降，他写下自述，毫不含糊地表明自己坚信工农必胜，“笃信共产，至死不渝”；敌人审讯他，他当堂痛斥敌人的滔天罪行，大义凛然，威武不屈；敌人恼羞成怒，给他戴上十几斤重的手铐和脚镣，动用鞭笞、铜烙等酷刑，方志敏几次昏死过去却毫不屈服。

敌人把方志敏押解到南昌，用装甲车载着他游街示众。方志敏挺立在四周插着刺刀的囚笼里，不时举起戴着镣铐的双手，向路两旁的群众抱拳微笑。敌人又在豫章公园里举行所谓“庆祝生擒方志敏大会”，逼迫群众参加。方志敏借机高声宣传起革命，敌人惊慌失措，草草结束了大会。

在被关押的 6 个多月里，方志敏以惊人的毅力和坚强的意志写下了 20 多万字的文稿，其中就有《可爱的中国》《清贫》《狱中纪实》《我们临死以前的话》《我从事革命斗争的略述》等著名篇章。

方志敏、刘畴西等同志坚贞不屈，视死如归，敌人黔驴技穷，无计可施，蒋介石只好下令“秘密处死”。1935 年 8 月 6 日凌晨，方志敏和刘畴西在南昌城北下沙窝的秘密刑场英勇就义。方志敏年仅 36 岁，刘畴西 38 岁。

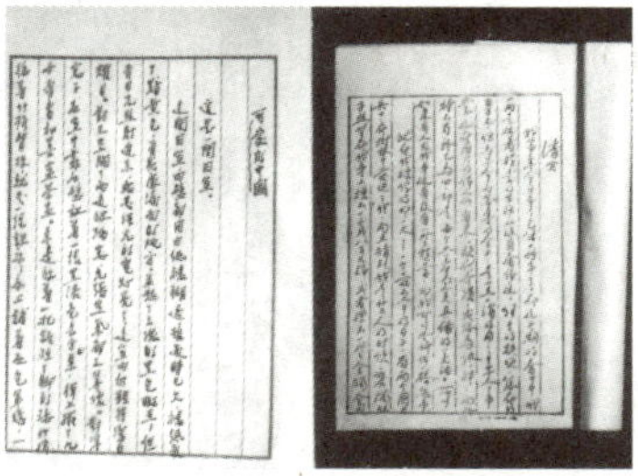

方志敏在狱中写的《可爱的中国》和《清贫》的手稿

红军长征史考场

问：方志敏烈士牺牲时多大年龄？

答：36岁。

向西突围

突破敌军封锁线 >>>

1934年7月初，湘赣苏区的中心区域被国民党军队占领后，红六军团被分割、压缩在遂川、万安、泰和三县交界方圆数十里的狭小地区，处境十分艰险。此时，进攻中央苏区的国民党军队，已开始向苏区中心区域推进。在此情势下，中共中央及中革军委给红六军团和湘赣苏区下达训令，决定让红六军团离开湘赣苏区，向西转移到湖南中部去发展扩大游击战争，创立新的苏区，并对预定转移方向和计划做了具体指示。

为了顺利完成突围任务，红六军团军政委员会经过缜密研究，决定先从五斗江到白牛岭地段突破封锁线，那里是敌人粤军和湘军的接合部，兵力较为薄弱，然后再向西挺进。8月7日，红六军团共9700余人，告别休戚与共的湘赣苏区人民，在地方独立团的配合下，开始西征。敌湘军第十五、十六师尾追而来，红六军团不顾酷暑炎热、饥饿疲劳，昼夜兼程，突破敌人的封锁线，于11日到达湖南桂东县城以南的寨前圩。

8月12日，红六军团在寨前圩召开连以上干部誓师大会，进行战斗动员，并正式宣布军政委员会和红六军团成立，萧克任军团长兼第十七师师长，王震任军团政治委员兼第十七师政治委员，李达任军团参谋长，张子意任军团政治部主任；龙云任第十八师师长，甘泗淇任第十八师政治委员。

但是，中共中央、中革军委下达训令时，并没有明确红六军团是作为前导，为中央红军探索转移路线的，只是命令红六军团去湘西与红三军（即原红二军团）会合，并将每日行军路线和宿营地用电台报告军委总部。其时，红六军团实际上担任了中央红军实行战略转移向西突围的先遣队。

不幸的是，敌人破译了红军的电报密电码，侦察到了总部的行动规律，定期地沿着红六军团的宿营地点进行轰炸。

人物 萧克

事件 抢渡湘江

地点 湖南

☆ 事件背景 ☆

国民党军队占领湘赣苏区的中心区域后，已向苏区中心区域进攻。为保存有生力量，同时为中央红军下一步战略西进转移开路，红六军团受命开始西征，揭开了红军长征的序幕。

抢渡湘江 >>>

为了防堵红军深入湖南，国民党军西路军总司令何键急令各路兵力加紧追击、防堵，企图在郴县、汝城和桂东地区围歼红军。红六军团军政委员会为争取先机，决定放弃在桂东地区发展游击战争的计划，把原定的三步并作一步走，乘敌人部署尚未完成和湘江防御还较薄弱之际，迅速抢渡湘江，而后向新化、溆浦地区前进。

当红六军团准备在零陵地区渡江时，国民党军队 9 个团已先于红军到达湘江沿岸，桂军、湘军等部也疾驰而来。敌重兵云集，湘江上游连降暴雨，江水陡涨，江宽流急，船只又都被敌人拉到对岸，红军要在零陵地区渡过湘江，极为困难。红六军团首长当机立断，决定放弃由零陵渡江的计划，迅速转移至零陵东南的阳明山地区，采取与敌人兜圈子的战术，寻机西渡湘江。

于是，红六军团急转南下，进入广西灌阳东北地区。何键判断，红军将在全州西北的黄沙河附近西渡湘江，急忙调兵围堵。红六军团得悉敌军的企图和部署后，紧急避开黄沙河地区，出敌不意地在全州以南的界首地区顺利抢渡湘江。

新厂战斗 >>>

根据中革军委指示，红六军团先向西北急进，后又转兵南下，计划进入贵州同红三军会合。尾追之敌察觉到红六军团的战略意图，便派出重兵，企图在新厂以北堵截红军。其中有两个团邀功心切，抢先追来。红六军团首长决定抓住这次战机，歼灭孤军，取得行动的主动权。

由于两个月的连续行军作战，后有敌人追堵，上有敌机轰炸，再加上

敌军的碉堡

酷暑蒸烤、蚊蝇叮咬，疾病、伤残、死亡一起袭向这支红军长征先遣队，特别是缺医少药，使部队战斗力受到很大削弱。

战斗打响了。9月19日上午8时，敌军集中优势兵力，向红五十二团守卫的金线吊葫芦阵地发起攻击，早已严阵以待的红军指战员立即猛烈还击。敌军依仗弹药充足、火力强大，向红军阵地发起多次进攻，都被挫败。激战到10时左右，天空中突然阴云密布，狂风骤起，顷刻间大雨倾盆，阵地上一片迷茫。连续多次攻击没有奏效的敌军，像输红了眼的赌棍，企图孤注一掷，以一部兵力从下面继续进攻，以另一部兵力向西迂回，想利用雨幕掩护，偷袭岩崖山主峰阵地；红军早已料到，当敌军一进入射程，子弹便急风暴雨般地向敌人打去。敌军被打得晕头转向，仓皇退下山坡，丢下一具具尸体。

在红军战士的顽强阻击下，敌军的企图始终未能得逞。这时红十八师主力和红十七师冒雨赶到岩崖山，居高临下地发起反击。激战至黄昏时分，红军毙敌200余名，俘敌官兵300余名，缴获各种枪支300多支，敌军两个团被全部击溃，狼狈窜回。自此，尾追之敌不敢轻易近前了。

红军长征史考场

问：红六军团向西突围的真实意图是什么？

答：作为中央红军战略转移的先遣队。

震惊心胆的甘溪之战

进入贵州 >>>

新厂战斗后，红军继续向西北挺进，1934 年 9 月 20 日进入贵州境内清水江流域。这一地区是苗族、侗族等少数民族聚居区，那里的群众没有受过共产党和大革命的影响，对红军不了解。红军战士积极地向当地群众宣传党的民族政策，尊重他们的风俗习惯和宗教信仰，严格遵守“三大纪律，八项注意”。少数民族群众过去受尽国民党军队和地方反动武装的欺压，还从未见过这样爱护群众的队伍，他们积极为红军当向导，指引渡口，绑扎木筏，架设浮桥，帮助红六军团渡过了清水江。

红军用的马尾手榴弹

进入贵州后，红六军团遇到的另外一个大困难就是地形不熟，那时红军只有中学生用的地图。打到黄平后，在一个教堂里找到一张近 1 平方米大的法文贵州地图，但又看不懂。好在那里的牧师能讲点中国话，虽然发音不准，但还勉强能听得懂，军团长萧克就指着地图，牧师一边讲，他一边写上中文。有了这张地图，红军稍微清楚了贵州山川城乡的大略。

甘溪失利 >>>

人物 龙云

事件 甘溪之战

地点 贵州石阡

黔东深秋，高原霜降，寒气逼人。一路上，到处是密林高山，层峦叠嶂，加之人烟稀少，物资奇缺，部队行动起来十分困难。数千里远征的红六军团指战员冒着寒风，在崇山峻岭中攀缘，艰难前进，部队人员日减。

这时，湘军、桂军已到施秉、镇远、三穗一线；黔军的 3 个团也紧追而来。敌军企图南追北堵，两面夹击，将红六军团聚歼于镇远以南、沅水河和清水江之间的地域，形势极为严峻。

☆ 事件背景 ☆

红六军团按照中革军委屡次电令的精神，计划经石阡进至东口地区与红三军会合。敌军也估计到了红军的意图，星夜向石阡地区调动部队，以湘桂两军主力进行拦截，又以桂军一个师、湘军一个纵队和黔军的一部由南向北压迫，企图将红军聚歼于石阡地区。当红六军团前卫部队前进到石阡的甘溪时，被桂军包围。

10 月 7 日拂晓，红六军团按计划到甘溪休息，准备利用夜色掩护越过石阡、镇远大道，向东挺进。与此同时，桂军第十九师也向甘溪逼近，寻找红军决战。上午 10 时，红六军团前卫部队在甘溪被桂军包围。

当时红军对周围的敌情一无所知，事先没

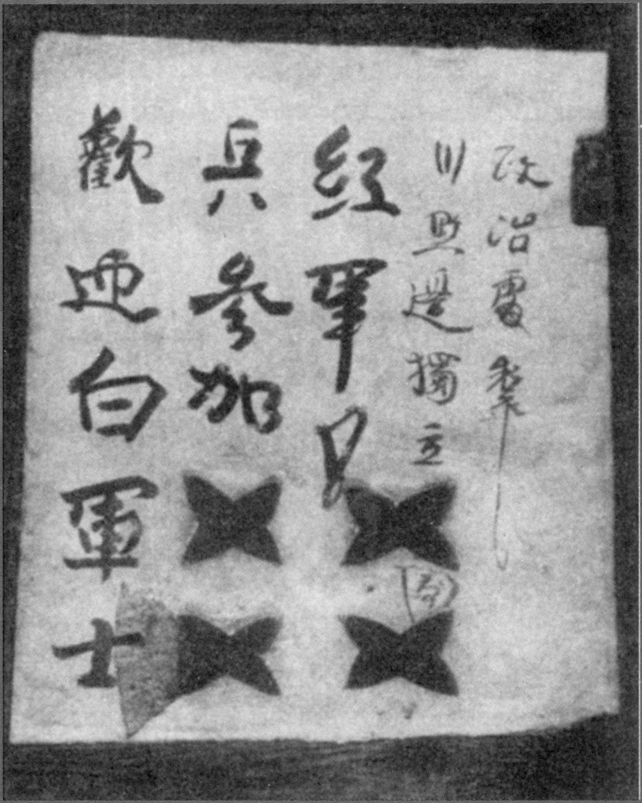

红军标语

有任何准备，又被多路敌军切断，互相之间失去了联系。在这种困难的情况下，战士们英勇奋战，坚决顶住了正面敌军的进攻。

战斗异常惨烈。桂军大多是广西人，个头小，动作灵活，善于山地作战，爬山速度很快，战斗力较强，他们的装备也比较精良，每班都配置一挺轻机枪，进攻时几十挺轻机枪一齐扫射；而红军机枪少，子弹也少，手榴弹大多是自制的马尾手榴弹，扔出去有的挂在树杈上，有的落在草丛中，好多不能落地开花。但红军战士非常顽强，受了轻伤的顾不上包扎仍坚持战斗，受了重伤的躺在那里帮着机枪手压子弹。

甘溪战斗失利，部队损失惨重，红六军团被敌人截为三段，陷入了湘、桂、黔三省敌军24个团的包围中。鉴于情况十分危急，为避敌锋芒，保存有生力量，军团首长决定，焚烧行李，减少辎重，以灵活的游击动作在高山密林中与敌军周旋。

这一地区人烟稀少，无法得到粮食和物资补给，部队往往一天连一餐饭也吃不上，许多战士赤着脚行军、作战，历尽千辛万苦，终于冲破敌军的围追堵截，于18日进至石阡城。红十八师师长龙云不幸被捕，被军阀何键杀害。

红军长征史考场

问：甘溪之战失败的主要原因是什么？

答：毫无准备，武器装备差。

红二、红六军团会师

两军会合

早在红六军团到达黔东地区之前，贺龙领导的红三军就来到这里，广泛发动群众，开展土地革命，建立革命武装和政权，组成了由贺炳炎任师长、冉少波任副师长的黔东独立师。1934年7月间，还在沿河县铅厂坝召开黔东特区第一次工农兵苏维埃代表大会，成立了黔东特区革命委员会。当他们得知红六军团即将前来会师的消息后，即派军南下接应。

10月15日，在甘溪战斗中同主力部队失散的红六军团部分战士400余

红二、红六军团长征出发地——湖南省桑植县刘家坪

湖南永顺。红二、红六军团会师后，于1934年11月7日攻占了永顺县城，创建了以永顺为中心的湘鄂川黔革命根据地

人，在军团参谋长李达的率领下，突围到达沿河县铅厂坝地区。李达等听当地群众讲，水田坝一带有红军活动，便估计到可能是贺龙指挥的红三军的部队。于是，李达便率领部队向水田坝前进，果然同贺龙派出的侦察分队取得了联系。李达当即给贺龙写了一封信，说明红六军团奉中央之命，前来与红三军会合。贺龙接到信后欣喜万分，当即同关向应等一起会见了李达。

贺龙、关向应得知红六军团主力部队还在同十倍于己的敌军激战，非常关注。当晚，贺龙、关向应召开军、师级干部会，确定安排突围出来的李达等回后方休整，红三军主力继续南下

人物 贺龙

事件 红二、红六军团会师

地点 贵州印江县

☆ 事件背景 ☆

红六军团在甘溪战斗失利后，情况非常险恶。红六军团决定在高山密林中与敌军周旋，并以灵活的游击动作转移到苏区与红三军会师。与此同时，黔东地区的革命武装和政权以及红三军也积极采取行动南下接应红六军团。

寻找红六军团主力。10月16日，贺龙、关向应让先期突围而来的红六军团少数同志为向导，率领主力由沿河县水田坝兼程南下，迎接红六军团主力北上。

红三军主力南下不久，在印江县苗王坡与红六军团第十七师第五十团团长郭鹏、政治委员彭栋材率领的一部分突围部队会合。此后，红三军即在沿河、印江一带活动，寻找突围出来的红六军团主力和其他失散的战士。10月24日，红三军主力终于在印江县木黄与任弼时、萧克、王震率领的红六军团主力部队会合。两军领导人相见，热烈握手，亲切拥抱，兴奋异常。

紧密团结，士气大增 >>>

10月26日，两军团由石梁移兵四川酉阳县（今属重庆市）南腰界地区的猫洞大田，于这天下午隆重举行了会师庆祝大会。首先由任弼时宣读中共中央发来的贺电，并做了关于当时形势和任务的报告。他强调指出："今天开会有两个意义：第一个意义，我们胜利会师了，我们从江西出发，天天盼望与红二军团会合，今天我们真正会师了；第二个意义是，我们两支部队要紧密团结，互相学习，以打大胜仗来庆祝我们的会师。"接着，由贺龙讲话，他说："六军团的同志们，你们辛苦了！你们一路跋山涉

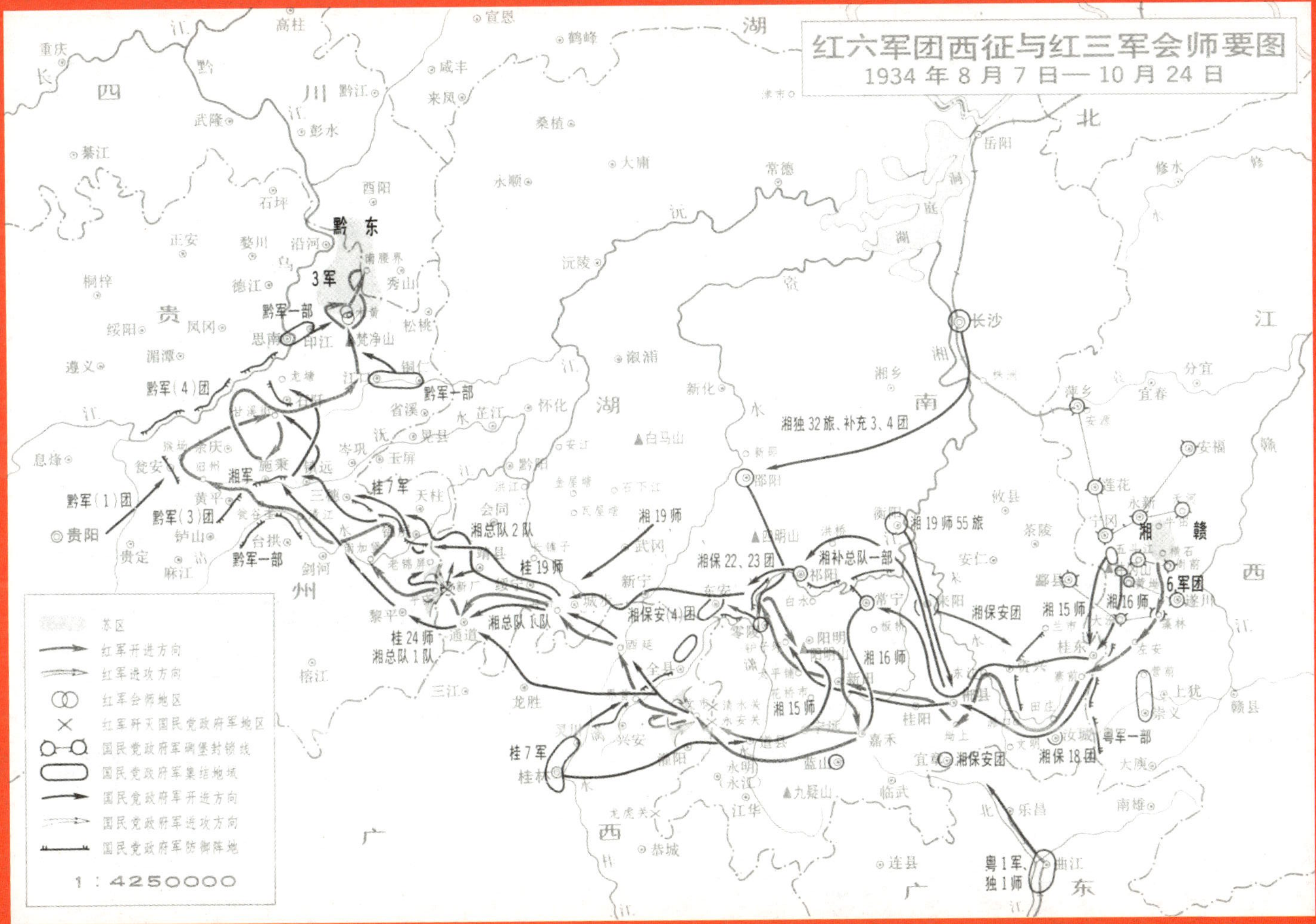

红六军团西征与红三军会师要图，1934年8月7日—10月24日

水，打了不少胜仗，战胜了敌人，来到这里，我们表示热烈欢迎！”关向应、王震、萧克等也在会上讲了话。

会师后，红三军奉命恢复红二军团番号，贺龙任军团长，任弼时任政治委员，关向应任副政治委员，李达任参谋长，张子意任政治部主任，原第七、第九师分别改编为第四、第六师，共约 4400 人；红六军团由萧克任军团长，王震任政治委员，谭家述任参谋长，甘泗淇任政治部主任，暂时编为 3 个团，共约 3300 人。两军团共同行动时，由红二军团指挥部统一指挥。

因红六军团千里转战，损失很大，贺龙指示有关部门，给红六军团营以上干部配备了马匹，还把一批轻机枪和粮、肉、款等送给红六军团。红六军团得到补充后，元气很快恢复，也抽调了 30 多名干部到红二军团工作，充实了红二军团的政治机关和党团组织。两军团紧密团结，互相帮助，士气大增，形成了与红一、红四方面军并列的又一支强大的军事力量。

至此，红六军团胜利完成转移任

红二军团领导人，军团长贺龙（左）、政治委员任弼时（右）、副政治委员关向应（中）

务，并为中央红军的战略转移起到了先遣队的作用。

黔东独立师 >>>

红二、红六军团主力挥师北上，向湘西进发。为了牵制敌人，配合红二、红六军团的北上和中央红军的长征，任弼时、贺龙等决定重新组建中共黔东特委和黔东独立师，留在原地坚持斗争，并任命段苏权为特委书记兼师政治委员，王光泽为师长。

红二、红六军团北上后，黔东独立师开始了艰苦的斗争。在敌人的重兵包围下，他们被迫退入梵净山区，后又被迫退出。11 月 26 日，独立师在四川秀山县境与敌相遇，段苏权被子弹打碎左踝骨，被当地老乡藏在小山洞内养了 20 多天，左脚冻伤和感染，失去了三个脚趾。后来他拄着拐杖，拖着伤脚，沿途乞讨回到湖南茶陵老家，伤好后又奔赴延安。

部队减员只剩下 300 多人，11 月 28 日又被敌军重重包围，双方展开血战，但终因寡不敌众，独立师弹尽粮绝，被迫分散突围。师长王光泽不幸落入敌手，被杀害于龙潭镇巫家坡，时年 31 岁。最后，仅 10 多人冲出重围，到达湘西。

红军长征史考场

问：红二军团和红三军是一支部队吗？

答：是，红二军团是由红三军恢复而来的。

中央红军决定战略转移

成立“三人团” >>>

1934年4月底广昌失守后，形势日趋恶化，红军在内线作战打破敌军“围剿”已十分困难，中共中央、中革军委便开始考虑红军主力撤离中央苏区的问题。自1934年5月起，当时的“左”倾领导人已经提出战略转移的问题，只不过一直举棋不定。直到9月初对打破敌人“围剿”已经完全绝望后，才开始部署战略转移。

为此，中央成立了由博古、李德、周恩来组成的最高决策机构“三人团”。政治上以博古为主，军事上以李德为主，周恩来只是负责督促军事准备计划的实行。他们把战略转移的计划报告了共产国际，共产国际复电同意。于是，博古、李德开始为转移做准备。

不过，那时根本没有打算走那么远，也没有说是长征，只是准备到湘鄂西去，同红二、红六军团会合，在那里创建新的革命根据地。

出发前的准备 >>>

1934年9月13日，中革军委发出指示，命令中央红军各军团立即将在敌占区的各县区军事部，改为县区游击队司令部和政治部，县区军事部长为游击队司令员、队长，县区委书记兼游击队政治委员，从组织上对中央红军主力突围后坚持苏区的斗争做了初步安排。

9 月 19 日，中华苏维埃共和国人民委员会主席张闻天发出《关于边区战区工作给各省各县苏维埃的指示信》，指示取消国民经济部、财政部、粮食部，成立财政经济委员会；“所有苏维埃机关中各种无用文件都应销毁”，“机关工作人员中的家属，应该另行安顿”，下级机关在“同上级领导机关脱离交通关系时，依然能够去进行工作”。这一指示信，对战区、边区在“万一”失陷后的苏区工作做了部署。

中央组织局、总动员武装部等发出关于 9 月间动员 3 万新战士上前线的通知。与此同时，中央苏区各级党和政府加强运输队的建设，迅速展开了空前紧急的粮食、草鞋、食盐、棉被、军用器材等的筹集工作。据伍修权回忆，当时兵工厂、印刷厂的机器都想带走，为了拆搬这些东西，花了近半年的时间。

9 月 29 日，张闻天为《红色中华报》写了《一切为了保卫苏维埃》的署名社论，指出：“为了保卫苏区，粉碎五次‘围剿’，我们在苏区内部求得同敌人的主力决战，然而为了同样的目的，我们分出我们主力的一部分深入到敌人的远后方，在那里发动广大的群众斗争，开展游击战争，解除敌人的武装，创造新的红军主力与新的苏区……我们有时在敌人优势兵力的压迫之下，不能不暂时地放弃某些苏区与城市，缩短

人物　瞿秋白、何叔衡

事件　战略转移

地点　中央苏区

☆ 事件背景 ☆

广昌失守后，红军在内线作战打破敌军“围剿”已十分困难，中共中央、中革军委便开始考虑红军主力撤离中央苏区的问题。直到 9 月初对打破敌人“围剿”已经完全绝望后，才开始从指导思想上改变过去那种不遗寸土的方针，决定以保存有生力量为主，并从组织上、物资上部署战略转移。

长征前的红军队伍

战线，集结力量，求得战术上的优势，以争取决战的胜利。”这一社论，实际上是中央红军准备实行战略转移的第一个公开信号。

红军指战员对长征一无所知 >>>

撤出中央苏区，实行战略转移，这是一个关系到中国共产党和中央红军的命运、关系到中国革命前途的重大问题，应该在党和红军的领导人中进行充分的讨论和政治动员。但是，准备工作只是在“三人团”中秘密进行，没有在部队和地方领导人中进行必要的解释和动员工作，甚至在中央政治局会议上也没有讨论过。李德荒谬地认为：“突围成功的最重要的因素是保守秘密。只有保守秘密，才能确保突然行动的成功。”

红军中的许多高级干部都蒙在鼓里，一无所知。彭德怀说：“最奇怪的是退出中央苏区这样一件大事情，都没有讨论过。”李维汉也说：“长征的所有准备工作，不管中央的、地方的、军事的、非军事的都是秘密进行的，只有少数领导人知道……当时我虽然是中央组织局主任，但对红军转移的具体计划根本不了解。……中央红军为什么要退出中央苏区？当前的任务是什么？要到何处去？”

像彭德怀、李维汉这样的高级干部，对长征的计划都不清楚，就更不用说一般的指战员了。由于没有进行解释和动员工作，因此在军事上，特别在政治上，不能提高红军战士的热情与积极性。

仓促撤退 >>>

既然从5月份就开始准备长征，就应该毫不迟疑地转变红军的战略方针，实行战略上的退却，以保持主力红军的有生力量。可是博古、李德等一面进行转移的准备，又一面要求各主力红军用一切力量争取大的胜利。这种继续与敌人拼消耗、忽视保存有生力量的错误决策，使红军又遭受了严重的损失。

博古、李德被敌人的气势汹汹所吓倒，9月底10月初仓促决定转移。从9月29日发表张闻天的《一切为了保卫苏维埃》，公开透露红军准备长征的信号，到10月10日中央机关和直属部队离开瑞金，只有11天；到10月21日总突围攻击开始，只有22天。加上此前并没有做好思想上的充分动员，各部队紧急撤出防御阵地，指战员都很紧张，群众中也是一片恐慌。遵义会议决议指出，仓促出动的长征“是一种惊慌失措的逃跑以及搬家式的行动”。

中共中央、中央政府、中革军委机关和直属部队编为两个纵队，加上红军主力第一、第三、第五、第八、第九军团，一共8.6万余人，组成战略转移的野战军。另外，还保留了原来的中革军委和红军指挥机关。中央革命军事委员会由朱德任主席，周恩来、王稼祥任副主席；中国工农红军总部

根据地的军械修理所

由朱德任总司令，周恩来任总政治委员，刘伯承任总参谋长，王稼祥任总政治部主任，李富春任总政治部代理主任。

谁走谁留 >>>

当时，对于长征时干部的去留问题，完全由博古、李德、周恩来“三人团”决定，事实上由博古一人决定。每个人的走与留，是与博古、李德个人的好恶紧紧地联系在一起的。

一些“左”倾领导者不喜欢的干部，像瞿秋白、何叔衡、贺昌、刘伯坚、毛泽覃、古柏、周以栗等人，则被他们乘机留在根据地打游击。当时，担任教育人民委员的瞿秋白得知被列入“留”的高级干部名单之后，去找张闻天，表示希望能够带他“走”。张深表同情，随即向博古做工作，但博古一点没有商量的余地。最初，他们连毛泽东也不打算带走，周恩来、朱德等人一再坚持，说毛泽东既是中华苏维埃政府主席，又是中央红军的主要创建者，在军队中享有很高的威信，应

重要人物介绍

瞿秋白，江苏常州人，1922年加入中国共产党，曾任中共三大中央委员、四大中央局成员、五大政治局委员、六大政治局委员，中共驻共产国际代表，共产国际执行委员、主席团委员、政治书记处成员，是党的主要领导人。1927年主持“八七会议”，会后任临时中央政治局常委，主持党的工作，后遭批判打击。1934年2月到瑞金后，任中华苏维埃共和国中央政府教育人民委员（教育部长）。1935年2月24日不幸被俘，6月18日在福建长汀英勇就义。

何叔衡，湖南宁乡人，中共一大代表，1931年11月被选为中华苏维埃共和国中央执行委员会委员，后被任命为临时中央政府工农检察人民委员（工农检察部部长）、内务人民委员部代部长、临时最高法庭主席等职。1935年2月24日在福建长汀突围时壮烈牺牲。

该随军出发。在这种情况下，毛泽东才被允许一起转移。

另外，国家保卫局在走之前，把“犯错误”的五六十个干部划分三类：一类杀掉，一类留在苏区，另一类可以随队出发。当保卫局长邓发带着名单，征求军委四局局长叶剑英的意见时，叶据理力争，坚决反对杀人，这批受“左”倾领导者打击排斥的所谓“犯错误”的干部，才得以保留下来。

主力红军长征后，敌人更加凶恶地摧残苏区，无数的革命干部和群众惨遭杀害。据有关材料记载，瑞金12万人被杀，宁都被杀绝的有8300多户，闽西被杀绝的有4万多户。留下来的干部带领少数部队继续坚持游击战争，何叔衡、阮啸仙、贺昌、毛泽覃、万永诚、李赐凡、李天柱、李才莲、古柏等相继在战斗中牺牲，瞿秋白、刘伯坚被俘就义。陆定一的妻子唐义贞在战斗中被俘，趁敌人给她松绑的瞬间，把藏在夹衣里的一份秘密文件强咽入肚内，惨无人道的敌人为了取出文件，竟把她剖腹。瞿秋白、何叔衡等同志的牺牲，是中国共产党的重大损失，也是“左”倾错误导致的一个严重后果。

项英、陈毅等转战突围，于1935年3月到达油山地区，同中共赣粤边特委、军分区会合，开始了艰苦卓绝的三年游击战争。

红军长征史考场

问：长征前夕中央最高决策机构是什么？

答：由博古、李德、周恩来组成的“三人团”。

中央红军开始长征

突破三道封锁线

送 别>>>

1934年10月10日晚，中共中央、中革军委率领第一、第二野战纵队，分别由瑞金的田心、梅坑地区出发，向集结地域开进。中央红军开始实行战略转移。

10月16日，中央红军各部队在于都河以北地区集结完毕。17日，按照中革军委颁布的“野战军渡河计划”，

中央红军长征出发时经过的瑞金武阳桥

分别从于都、花桥、潭头圩(龙石嘴)、赖公庙、大坪心(龙山门)、峡山圩(孟口)等十个渡口南渡于都河。

人物 彭德怀

事件 突破封锁线

地点 湖南

于都河畔，人山人海，数以万计的男女老幼立在各个渡口，为红军送行。人们的脸上都挂着愁容，有的还在暗暗地流泪，一面跟着红军走，一面将鸡蛋、糯米团等往战士的口袋里装。那些被安排在老乡家里治疗的重伤员和重病号也来了，他们步履艰难地行走在人群之中，寻找自己的部队和战友。指战员们也心情低沉，难分难舍的离别之情，萦绕在每个人的心头。

☆ 事件背景 ☆

中央红军第五次反“围剿”接连失利后，被迫开始实行战略转移。共8.6万余人的中央红军带着难舍难分的离别之情告别了亲人，离开了生活和战斗的中央根据地，踏上了万里征程。长征的初战便是突破封锁线。

深夜，秋风吹动着残枝败叶，群众打着灯笼、火把为红军送行。就这样，在茫茫的夜色掩护下，千军万马离开了生活、战斗的中央革命根据地，告别了送别的亲人，踏上了万里长征之路。

突破第一道封锁线 >>>

10月19日、20日，中央红军主力先后到达国民党军南路军阵地前。此时，国民党军南路军陈济棠部在赣州以东，沿桃江(即信丰河)向南，经大埠、王母渡，折向东南，经韩坊、新田等地，构成了第一道封锁线，阻止中央红军进入广东。

根据敌情，中革军委决定：中央红军由王母渡、韩坊、金鸡、新田地段突破粤军的封锁，

红军突破第一道封锁线——固陂

向湘南前进。同时还电令赣南军区地方武装积极配合野战军的突围战役。

红军在突围前，将要经过的地点通知了陈济棠，声明只借道而行，保证不进入广东腹地。陈济棠是地方实力派，号称“南天王”，与蒋介石集团之间一直存在着矛盾。他既害怕红军入粤，也害怕蒋介石随红军入粤。在第五次“围剿”时，身为国民党军南路军总司令的陈济棠，在南方战线上与红军作战时就比较消极，并且与红军有过接触。

10月21日，红军各军团开始突围。粤军得到陈济棠的示意后，稍事抵抗，防守一番，全线撤退，让出了中间大道。24日晚，红军各路先头部队开始西渡桃江。25日，军委第一、第二纵队和其他部队先后渡过桃江，突破了由粤军防守的第一道封锁线，继续向西前进。

突破第二道封锁线 >>>

中央红军突破第一道封锁线后，国民党军队并未弄清红军的战略意图，有的判断“朱、毛出去是少数”，大部留在中央苏区；有的认为“朱、毛出去是主力”，留在苏区的是少数；还有的分析红军可能声东击西，“故意弄一

红军突破第二道封锁线的地点之一——城口

部分向西，而大部留下向东边”发展。因此，蒋介石举棋不定，一面令“围剿”中央苏区的北路军主力集结待命，一面电令南路军和西路军火速调兵，在湘粤边境组成第二道封锁线，阻止红军西进。

这时，国民党军南路军已把其主力撤走，西路军何键部队正处于分散“清剿”状态，湘中、湘南仅有一些地方部队；国民党军“中央军”还远在赣江以东，短期难以赶到湘南和粤北地区。据此，10 月 25 日，中共中央、中革军委决定乘敌军尚未弄清红军意图之际，沿赣粤、湘粤边界，迅速向湖南的汝城和广东边境的城口方向前进。

当晚，中央红军在博古、李德的指挥下，以甬道式的部署西进，两个军团在左，两个军团在右，军委两个纵队居中，一个军团在后。主力兵团主要起保卫军委两个纵队的作用，保卫“大搬家”。8 万多人中，军委两个纵队就占了1万多人，每个军团又有自己的后勤部，携带大批物资，多达

1000多副担子。十几门山炮拆卸开来，一个炮筒就得4个人抬；还有各种机器、纸张等，“坛坛罐罐”，十分累赘。就这样，一支由上千名挑夫组成的运输队伍拥挤在崇山峻岭的羊肠小道上，走走停停，停停走走，行动十分迟缓，有时一天只走10至15公里。这种大搬家式的转移，使主力红军变成了中央机关的掩护队，严重地影响了红军的机动能力，极大地削弱了红军的战斗力。

当中央红军迫近湘南时，蒋介石“追剿”红军的两个主力纵队还远在湘赣边地区。这时，中央红军如能抓住有利时机，集中兵力，创造战机，打一两个歼灭性的胜仗是有可能的。但是博古、李德等急于夺路西进，采取了避战的方针。

11月8日，中央红军各纵队通过第二道封锁线，进入湘南地域。至此，鉴于红军主力转移已无密可保，中革军委才正式向下通知，说中央红军这次进行转移，是为了到湘西去同红二、红六军团会合，在那里建立新的革命根据地。

突破第三道封锁线 >>>

蒋介石迅速在湘粤边境的郴县、良田、宜章、乐昌之间，设立了第三道封锁线。11月7日11时，红三军团领导人彭德怀、杨尚昆急电中革军委主席朱德，趁敌军兵力空虚，“我应迅速坚决突破宜、乐、郴间封锁”。同日16时，朱德致电彭德怀、杨尚昆等，决定中央红军于宜章以北的良田及宜章东南的坪石间突破敌第三道封锁线。

遵照中革军委的决定，红三军团立即做了部署。红六师第十六团为先锋，冒着大雨向宜章城前进，在距宜章城15公里的白石渡，打垮了民团200多人的拦阻，乘胜追至宜章城下。此时，群众纷纷前来欢迎红军，300多名筑路工人自动组织起来，帮助红军挖坑道、扎梯子，准备第二天攻城。守军见此情状，半夜弃城逃跑。11日拂晓，宜章城城门大开，群众结队欢迎红军进城。

同时，红一军团奉命控制了距粤汉铁路10多公里的九峰山制高点。由于占领了国民党军队第三道封锁线的

红军突破第三道封锁线——宜章渡口

重要支撑点宜章城和白石渡，全军较顺利地通过了粤汉铁路线。至 15 日，中央红军全部通过第三道封锁线，进入湘南地区。

红军进入湘南后，进行了革命宣传和组织工作，成立宜章县苏维埃政府，建立赤卫队，释放被国民党反动派关押的革命者和无辜群众，把没收土豪劣绅的财物分给穷苦群众。红军的行动，鼓舞了湘南地区人民的革命斗争。他们主动为红军送粮、带路，还有四五百名穷苦的青壮年自愿参加了红军。

红军长征史考场

问：中央红军是何年何月何日开始长征的？

答：1934年10月10日。

血染湘江

蒋介石设下包围圈 >>>

蒋介石判明红军西进的战略企图后，任命何键为“追剿”军总司令，命各路敌军向湘南地区开进，准备实施“湘江会战”。早在红六军团西进前后，湘桂两省军阀就已有守备湘江沿线的考虑，加修工事，其中自衡阳经祁阳、零陵至黄沙河一线就有碉堡410座。

为了歼灭红军于“湘漓两水以东地区”，蒋介石共投入兵力约16个师77个团，近30万人，在湘江以东部署了一个大包围圈，打算自东向西收缩，在湘江东岸逼红军决战，企图依仗其数量和装备上的优势，将中央红军歼灭。

红军贻误有利战机 >>>

桂系军阀白崇禧认为红军从湘南西去湘黔边界，只是路过广西，并不打算在广西立足。他摆出决战的架势应付蒋介石，暗地里却保存实力和地盘。1934年11月22日桂军借故撤离了湘江防线，于是，从全州至兴安60公里的湘江已无兵防守，湘江防线完

界首渡口

全向红军敞开了。可惜，红军领导者对敌情的这一重大变化并不了解，未能利用桂军撤防的极为有利时机大举渡江，而是继续采取甬道式的队形，按常规行军，坛坛罐罐都舍不得丢掉，毫无“抢渡”湘江之意。就连“追剿”军总司令何键都说：“匪的人数甚多……行动甚缓。我们堵截的部队一定可以如期赶到。”

直至11月25日，中革军委才正式决定突破国民党军队的第四道封锁线，以红一军团为右翼，红三军团为左翼，向湘江前进。

11月27日，红一军团前锋第二师占领了从屏山渡至界首的30公里湘江所有渡口。但是，还是晚了一步，敌“中央军”周浑元部26日占领了道县，桂系第十五军返回灌阳；湘军刘建绪部27日进占全州，形成南北夹击红军的态势。

此时的红军，有利与不利共存。有利的是，已占领湘江的所有渡口和徒涉点，军委纵队距湘江最近的渡河点只有55公里；不利的是，部队拉得太长，前锋已至湘江，而后续红八、红九军团尚在永明、道县之间，前后相距达100公里。

如果红军此时能轻装急进，仍然可以利用最后的有利时机，以较小的损失渡过湘江。但是，庞大的军委纵队辎重压身，行动异常迟缓。直到11月30日晨，军委第一纵队才从界首渡过湘江；第二纵队更是迟至黄昏才渡江，55公里的路竟然走了两天。

湘江渡口

惨重的代价 >>>

由于军委纵队行动迟缓，后卫红五军团及最后的红八、红九军团无法及时过江，担任两翼掩护的红一、红三军团，不得不付出惨重的代价。

红三军团第五师第十四、第十五团奉命阻击桂军，“不惜一切代价，全力坚持三天至四天”，掩护军委两个纵队过江。桂军在炮火和飞机的掩护支援下，向红军前沿阵地发起进攻。红军腹背受敌，与桂军展开白刃战，浴血奋战三昼夜，一直坚持到30日下午4时多。在这次战斗中，红军伤亡2000多人。

29日，红三军团第四师第十团在界首南光华铺背水一战。彭德怀把指挥部设在离渡口仅有几百米远的一座祠堂里，亲自指挥。团长沈述清中弹牺牲，彭德怀随即任命杜中美接任，当日杜中美又壮烈捐躯。

30日，红一军团第一师、第二师在脚山铺打响了对湘军3个师的阻击战。脚山铺北距全州15公里余，南离界首25公里余，是敌人进入红军渡口的咽喉要地。敌军在10多架飞机掩护下，攻势越来越猛。第五团政委易荡平身负重伤，这时，敌人端着刺刀上来了。易荡平要求他的警卫员打他一枪，警卫员泪如泉涌，手

人物　陈树湘

事件　湘江之战

地点　广西东北部

☆ 事件背景 ☆

在红军突破第三道封锁线的时候，各路敌军已开始向湘南地区开进，准备前后夹击，实施其所谓“湘江会战”计划。尽管红军发现敌企图，并决定突破第四道封锁线，但是，庞大的军委纵队辎重压身，行动异常迟缓。因此，担任两翼掩护的红一、红三军团不得不付出惨重的代价。

在中央根据地周围这种碉堡就有3000多个

直打战，不忍心对自己的同志下手，易荡平夺过警卫员的枪，誓死不当俘虏。

从 28 日到 30 日，红军以重大的代价，终于保住了向湘江前进的通道，使中共中央、中革军委及直属机关得以通过湘江。

生死存亡系于一线>>>

至 12 月 1 日晨，除军委两个纵队已过江外，全军 12 个师，过江的只有 4 个师，还有 8 个师尚未过江。此时，新增的湘军南下，桂军也不断北上，红军面临被敌切断的危险。

12 月 1 日凌晨 1 时半，中革军委向全军下达了紧急作战命令，要求无论如何也要保证后续部队于 2 日早通过湘江。凌晨 3 时半，中共中央、中革军委、红军总政治部又联名给红一、红三军团下达了一定要保证执行军委命令的指令。一般来说，电报多是以军委主席的名义下达，而这份电报，却用了最高权力机关联合的名义，其分量可想而知。

从 12 月 1 日凌晨到清晨，全军都在进行战斗动员和战斗准备。这是一个紧张的不眠之夜，已到最后关头，生死存亡在此一战。

战斗打响了。红一军团与湘军在脚山铺展开了你死我活的白刃战；与此同时，红三军团第六师第十八团在新圩、第四师在光华铺也同桂军进行了激烈的战斗。在渡口，部队、机关、打乱了建制的零散人员、挑夫、辎重、抬着伤员的担架队、没人管四散乱逃的战马等等，全部拥挤在一起，一片混乱。中午，红军主力渡过湘江。湘、桂军追到湘江边，至此，湘江全被封锁。

红三军团第六师第十八团在敌众我寡的条件下，与桂军 3 个师展开激战，经过两昼夜的奋力拼搏，终于完成了掩护红八军团大部渡江的任务。可是，该团在撤退中被数十倍于己的敌军分割包围，大部壮烈牺牲。

红五军团担任红军总后卫，该军团第三十四师转战于灌阳、道县一带，最后弹尽粮绝，全军覆没。师长陈树湘身负重伤，不幸被俘。敌人听说抓到红军师长，高兴得发了狂，要抬着他去向上级邀功领赏。陈树湘乘敌不备，用手从腹部伤口处绞断了肠子，壮烈牺牲，年仅 29 岁。

突破敌人的第四道封锁线，是长征以来最紧张、最激烈的一次战斗。广大红军指战员虽英勇奋战，但由于“左”倾领导者的错误指挥，使红军付出了极其惨重的代价，由长征出发时的 8.6 万余人减少到 3 万余人。

红军长征史考场

问：长征以来最紧张、最激烈的战斗是哪一次？

答：突破敌人的第四道封锁线。

血的教训 >>>

湘江战役以后，红军广大指战员对“左”倾领导者越来越不满，认为仗再不能这样打下去了，再这样下去，所剩 3 万余红军的前途只有毁灭。在如此严重挫折面前，博古往日总是熠熠生辉的眼睛变得灰暗沮丧，一筹莫展。面对着湘江，他不时地拿着手枪乱比画，显得手足无措。聂荣臻严肃地警告他：“你冷静一点，别开玩笑，防止走火。这不是瞎闹着玩的！越在困难的时候，作为领导人越要冷静，要敢于负责。”站在一旁的李德，也失去了往日的威风，显得垂头丧气。最高“三人团”中，只有周恩来坚持工作。

湘江一仗，宣告了“左”倾冒险主义军事领导的破产。血的事实逐步使大家认识到，只有改变“左”倾冒险主义军事领导，红军才能取得主动，长征才能取得胜利。

翻越老山界

红军继续西进 >>>

红军渡过湘江以后，部队疲劳，序列不整，军委决定在西延(今资源县)休整一两天,然后再按照原定计划，沿着红六军团的前进路线，去同红二、红六军团会合。

而蒋介石也按照原来的计划，企图将红军歼灭于湘江以西。早在湘江战役进行之前，蒋介石就制订了所谓“湘水以西地区剿匪计划大纲”，如果在湘江以东不能全歼红军，下一步就在湘江以西将红军歼灭，防止红军进入贵州，与红四方面军及红二、红六军团会合。为此,蒋介石划分了湘、桂、黔三省的守备区域。

当红军渡过湘江、在西延集结时，“追剿”军总司令何键立即将其所属部队重新进行了编组，第一、第二兵团迅速向新宁、城步、绥宁、武冈方面转移，配合桂军，前堵后追，合击红军；预备兵团对付在湘西活动的红二、红

老山界

六军团。与此同时，桂系也对其所属部队进行了编组。

在上述情况下，中共中央、中革军委仍然决定继续西进，北出湘西与红二、红六军团会合。于是，红军进入桂北越城岭。

人物　何键

事件　翻越老山界

地点　广西越城岭

险　途 >>>

老山界，红军长征以来遇到的第一座高山。它是越城岭山脉的中段分支，南北长约 21 公里，东西宽约 6 公里，主峰海拔 2000 多米，是越城岭的最高峰，也是五岭的最高峰。这里群峰高耸，悬崖峭壁，瀑布飞溅，森林茂密，山上年平均气温只有 9 摄氏度，年降雨量高达 2300 毫米，雾浓风大，气候瞬息万变，当地人称“鸟也飞不过”。

☆ 事件背景 ☆

红军渡过湘江以后，继续西进，进入桂北越城岭。老山界，红军长征以来遇到的第一座高山，陡峭险峻，气候恶劣。红军以惊人的勇气和毅力，胜利通过老山界。

1934 年 12 月 4 日，军委第一纵队从塘坊边出发，下午开始翻越老山界。这里靠近主峰，山路险陡，很多悬崖峭壁，靠几根圆木架成的栈道通过。这种栈道没有栏杆，长满青苔，走在上面又滑又晃，使人头晕目眩，胆战心惊。除栈道外，还有很多险道。伤病员们都下了担架，由其他同志背着或搀着走。有几匹马踩空了脚，摔下了万丈深渊。红军以惊人的勇气和毅力，彻夜行军，终于带着骡马、抬着辎重，胜利通过了老山界，进入了龙胜县境。当地群众得知

红军长征史考场

问：红军长征翻越的第一座高山是哪座？

答：老山界。

红一方面军长征路线图，1934年10月—1935年10月

红军是从老山界下来的，都十分惊讶。

赢得民心>>>

龙胜属广西，境内居住着苗族、瑶族和侗族，经济、文化比较落后。红军来到这里时，由于民族隔阂和国民党特务造谣，不少群众害怕红军，逃到山上。红军在龙坪、广南城、平溪和流源等地宿营时，潜伏的特务纵火烧毁房屋，嫁祸于红军。红军指战员奋不顾身，扑灭了大火，并对受灾群众进行救济和帮助。在救火中，红军抓获了几个纵火犯。经公开审判，揭露了国民党派遣特务的罪恶行径。广大群众明白了事情的真相，当初逃进山里的群众纷纷返回村庄，许多青壮年还积极参加红军。

转兵贵州

黔东南敌防空虚 >>>

正当红军沿越城岭山区西进时，敌“追剿”军主力在城步、绥宁、靖县、洪江、武冈等地构筑工事，布下口袋阵，张网以待。如果中央红军继续按照原计划，北出湘西，欲同红二、红六军团会合，就会陷入敌军重围，后果不堪设想。

与此同时，敌军内部发生了桂粤系军阀同蒋介石争夺贵州的斗争。蒋介石限制桂军入黔，意在图黔，而桂、粤、黔三省，在鸦片烟的种植和运销方面，有着共同的利害关系，贵州如落入蒋介石之手，不仅使广西失去主要的财源，而且在军事上对广西也是一个直接的威胁。于是，两广军阀经过密商，联合向蒋介石请缨，提出由两省抽调劲旅，入黔“追剿”。老奸巨猾的蒋介石识破了两广军阀的真实意图，立即命令其嫡系薛岳部火速进入贵州，棋先一着，使两广军阀无可奈何。

敌军内部对贵州的争夺，使他们在贵州不能集中全力对付红军，造成了黔东南的空虚状态，这对红军进入贵州是十分有利的。可是，博古、李德不考虑这种有利形势，仍一意孤行，顽固地坚持北出湘西的行军路线。

毛泽东力主进发贵州 >>>

1934 年 12 月 12 日，中央几个负责人在通道县境内召开了非常会议。

在会上，李德坚持红军按原定的战略方针，立即北出湘西与红二、红六军团会合。毛泽东坚决反对，提出红军必须西进贵州，避实就虚，寻求机动，在川黔边创建新根据地的主张。

毛泽东的这一主张无疑是正确的。红军这时已空前减员，极度疲劳，如果继续北出，就势必与五六倍于己的敌军决战，这对红军十分不利。而在各路敌军中，黔军最弱，武器装备差，部队组织纪律涣散，战斗力低下，内部派系多，矛盾重重。红军可以利用黔军的矛盾，各个击破，争取主动。中央领导人张闻天、王稼祥、周恩来和朱德等表示赞同。

短促的通道会议，是从第五次反“围剿”开始以来，毛泽东第一次在中央有了发言权，也是他的意见第一次得到了中央多数同志的赞同。周恩来也与李德发生分歧，他们的关系开始疏远。这时的李德已敏锐地感到，他的最高军事指挥权遇到了严峻的挑战。

12 月 13 日，中革军委命令中央红军“迅速脱离桂敌，西入贵州，寻求机动，以便转入北上”。当日，中央红军依照中革军委命令，突然改变行军路线，转兵贵州，暂时脱离了险境。

黎平会议 >>>

12 月 17 日，中央红军突破黔军防线，进驻

人物 周恩来

事件 黎平会议

地点 黔桂湘交界

☆ 事件背景 ☆

毛泽东提出的红军必须西进贵州，在川黔边创建新根据地的主张，得到其他中央领导人张闻天、王稼祥、周恩来和朱德等的赞同。中央红军依照中革军委命令，突然改变行军路线，转兵贵州，暂时脱离了险境。

黎平。黎平位于黔、桂、湘三省交界，地形复杂，交通不便，周围敌军的力量十分薄弱。这时，蒋介石对红军作战的重点，仍然是防中央红军与红二、红六军团会合。他虽然急令黔军王家烈部阻止红军进入贵州，但他的重兵仍部署在湘西，并没有向贵州移动。

博古也同意毛泽东“西入贵州”的主张，但他在战略上仍主张到贵州后，再折入黔东，去湘西与红二、红六军团会合。为了改变博古、李德原定的战略方针，在政治局里以毛泽东为代表的大多数同志，要求召开中央政治局会议，讨论中央红军的战略方针。

黎平会议旧址

12月18日，中共中央政治局在黎平召开会议。会议由周恩来主持，博古、朱德、张闻天、毛泽东、王稼祥等参加。李德因病没有出席，托人把他坚持同红二、红六军团会合的意见带到会上。会议争论得十分激烈。毛泽东坚决主张放弃同红二、红六军团会合的原定计划，建议中央红军继续西进，改向黔北进军，创建以遵义为中心的川黔边根据地。会议通过《中央政治局关于战略方针之决定》，决定放弃与红二、红六军团会合的原定计划。鉴于内部有争论，中央决定在适当时候召开政治局扩大会议，以便审查黎平会议的决定，总结第五次反“围剿”以及长征以来红军军事指挥上的经验教训。

黎平会议是一次关系红军命运和中国革命前途的重要会议，从根本上改变了中央红军进军的战略方向。会议最终否定了博古、李德的错误战略方针，采纳了毛泽东灵活机动的战略战术思想和创建川黔边根据地的主张，为遵义会议纠正“左”倾冒险主义在

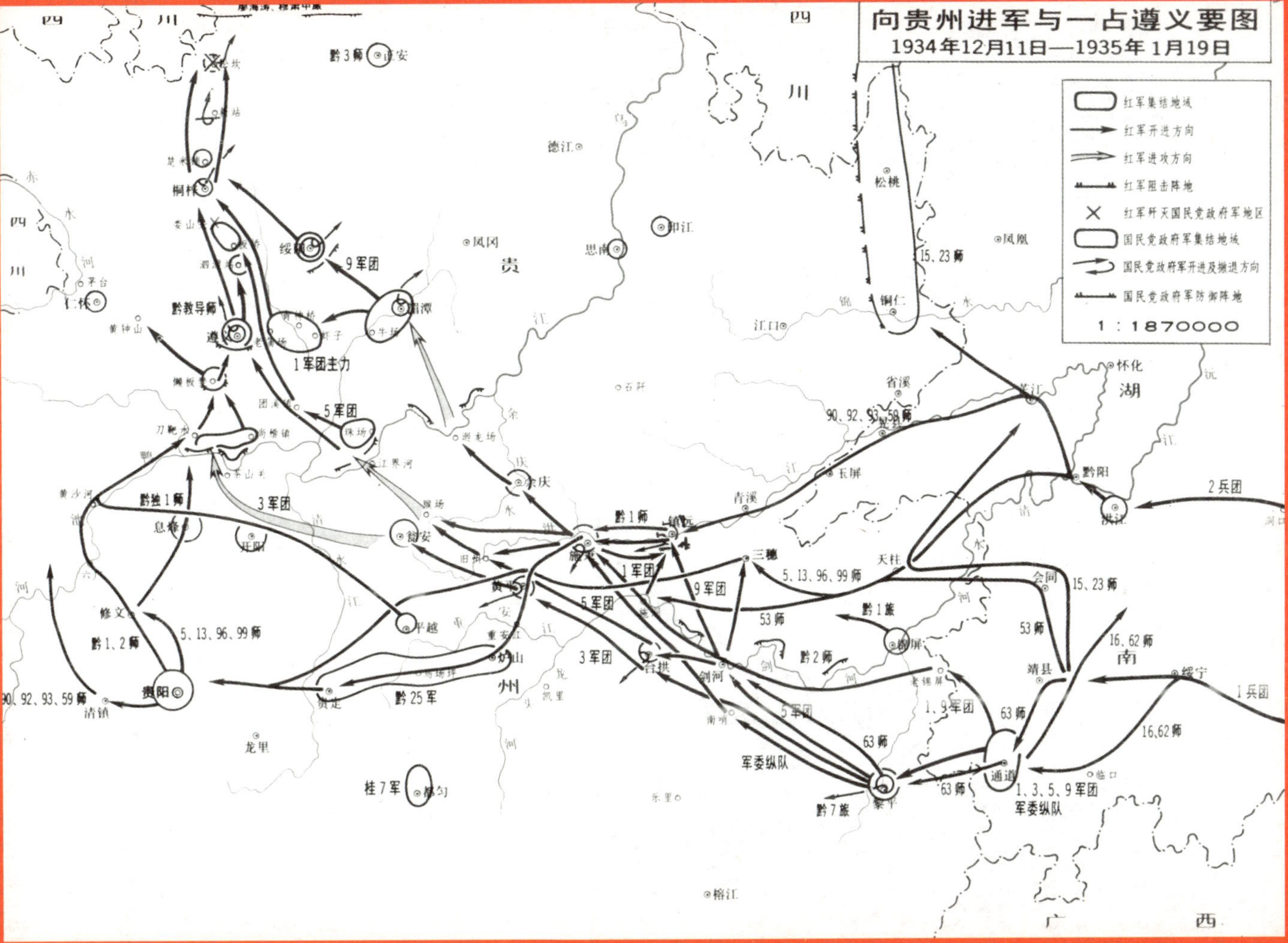

向贵州进军与一占遵义要图，1934年12月11日—1935年1月19日

黎平镇

军事上的错误打下了基础。

中革军委连夜电令各军团，决定中央红军分左、中、右路军，向以遵义为中心的黔北前进。为了给敌人造成中央红军仍要去湘西与红二、红六军团会合的错觉，军委规定各部用正常行军速度前进；与此同时，电令湘西红二、红六军团在常德等地积极活动，调动湘敌。蒋介石害怕中央红军与红二、红六军团会合，急忙抽回4个师兵力。红二、红六军团的作战行动，也迫使追击中央红军的敌军兵力相对减少。此时，整个敌情对中央红军向黔北进军很有利。

猴场会议 >>>

12月31日，军委纵队抵达瓮安县的一个小乡镇——猴场，准备抢渡乌江、挺进黔北，实现黎平会议上所确定的战略方针。

这时，博古、李德仍对黎平会议的决定持不同的意见，再次主张不过乌江，回头东进同红二、红六军团会合。为纠正博古、李德指挥上的错误，确定红军进入黔北以后的行动方针，在中央政治局多数同志要求下，1935年1月1日，中央政治局在猴场附近的宋家湾村召开会议。

会议由周恩来主持，参加会议的有政治局委员博古、毛泽东、朱德、张闻天、陈云，候补委员刘少奇、王稼祥、邓发；李德等列席了会议。会议再次否定了博古、李德的错误主张，重申了黎平会议的决议，决定红军抢渡乌江，攻占遵义，“建立川黔边新苏区根据地，首先以遵义为中心的黔北地区，然后向川南发展，是目前最中心的任务”。

会议继通道会议、黎平会议之后，又进一步批判了博古、李德在军事上单纯防御路线指导下产生的“左”倾错误，继续准备渡乌江北上。这三次会议，为以后开好遵义会议，纠正“左”倾错误路线，确定毛泽东在党和红军中的领导地位做了准备。

红军长征史考场

问：第五次反“围剿”以来，毛泽东在中央第一次有发言权的会议是哪次？

答：通道会议。

强渡乌江天险

天险难渡 >>>

乌江又名黔江，是贵州的第一道大江，由西南向东北斜贯全省，把贵州划成南北两部，自古就有天险之称。两岸高耸入云的悬崖绝壁，好似利剑，直刺青天；江面上波涛汹涌，最大水流速度每秒钟在两米左右；河床、河岸都是石灰石，明暗礁石很多。整个乌江防线，自茶山关起，包括孙家渡、江界河、袁家渡、回龙场等大小渡口十余处，全长约100公里。负责乌江防线的贵州军阀侯之担有独霸黔北的企图，妄想阻止红军渡过乌江，在乌江一线严密布防。他甚至夸口说，共军远征，长途跋涉，疲惫之师必难飞渡。

组成突击队 >>>

1935年1月1日，红一军团第一师第一团到达回龙场渡口，对岸守敌一个营立即向红军开火。团长杨得志、政治委员黎林立即组织火力压制敌人，敌军仓皇向山后逃跑。杨得志和黎林一起到附近村庄调查，发现村子里不仅无船，就连一支桨，甚至一块像样的木板也难以找到，船渡显然是不可能了。架桥呢？不要说没有材料，就是有，水流急，敌人居高临下，也是不行的。凫水呢？湍急、汹涌的波涛将毫不费力地把人吞没。正在焦急万分的时候，杨得志忽然发现江里漂着一根很粗的竹竿，于是决定扎竹排，乘竹排过江。

当日下午，8 名水性好的战士组成突击队，乘竹排偷渡，但没有成功，8 名勇士被巨浪吞没。当晚，红一师又立即组织熟悉水性的 36 名同志为突击队，夜间武装偷渡。突击队在红一团第一营营长孙继先的指挥下，迅速地向对岸划去，红军的机枪、步枪、“三七”小炮一齐开火掩护。不久，对面山顶上红光闪闪，手榴弹在敌碉堡中爆炸，步枪、机枪吼叫起来，爆炸声、喊杀声混成了一片，突击队勇士登上了敌人占据的山顶。

强渡成功 >>>

2 日上午，红一团用火力封锁对岸，迫使敌人不敢下到江边破坏跨江绳索，红一团还同红三团一起赶扎了 30 多个竹排，连接起来，搭成浮桥。

下午 3 时，强渡开始。红一师在岩门地区集中红一、红三团所有轻重火力，向对岸老渡口和观音寺工事里

江界河——乌江的渡口之一

人物　耿飚

事件　强渡乌江

地点　新渡口

☆ 事件背景 ☆

敌人企图凭借乌江天险阻击红军。红一军团第一师第一团组成突击队，强攻下渡口。经过 16 个小时的浴血奋战，中央红军全部渡过乌江天险，敌军围歼红军于乌江南岸的企图化为泡影。

的守敌猛烈射击，掩护红一团在渡口狭窄处强渡。军团炮兵连准确地将观音寺破庙打得瓦砾乱飞，摧毁了黔敌第八团第一营设在这里的工事。4 日，红一军团主力及红九军团由此渡江完毕，残敌向湄潭方向退却。

与此同时，红一军团第二师师长陈光带领第四团为前卫，逼近江界河渡口。江界河渡口分新老两个渡口，新渡口在上游，江面宽约 80 米；老渡口在下游，江面宽 120 米，两个渡口间相距约 3 公里。渡口两岸悬崖绝壁，过江必须先从南岸下 5 公里极陡的石山坡才能到达江边，到北岸又必须上 5 公里陡坡，才能到达通往遵义的大道。

红四团团长耿飚、政治委员杨成武发现老渡口大道是敌军防御的重点，工事较多；而上游的新渡口，敌军配备的火力较少，且有一条小的横路与渡口大道相通。因此决定：佯攻老渡口，主攻渡口上游的新渡口。

1 月 2 日上午，红四团突破乌江的战斗开始。第三连连长毛振华率 7 名水性好的战士泅渡，但没有成功。晚上，又组织 18 名勇士乘竹排在新渡口偷渡，结果只有以毛振华为首的 5 名勇士所乘的竹排划向对岸（当时上级并不知道毛振华等已偷渡成功），其余两个竹排都被急流卷了回来。

3 日拂晓，追踪红军的薛岳兵团逼近，军委催促红四团迅速完成抢渡乌江的任务。红四团指战员情绪激昂，纷纷请战。红四团党委也立即召开紧急会议，决定再次出动 60 多个竹排，立即强渡。

3 日上午 9 时，强渡重新开始，老渡口仍以小部佯攻，工兵营冒着敌火力架浮桥，声势尽量做大，吸引敌人；而上游新渡口，在密集的火力掩护下，三个先导竹排上的勇士们勇猛地向对岸冲击。这时，头一天晚上偷渡过去隐蔽在对岸峭壁下等了一整夜的毛振华连长他们，突然向岸上发起攻击，打得敌军措手不及，顿时大乱，渡江战士乘机占领了滩口阵地，后面的竹排迅速强渡过岸。

陈光亲自指挥炮兵支援，把从山坡上向滩头阵地冲击的敌人击毙；军委副参谋长张云逸指挥工兵连，加紧扎竹排架浮桥。

经过 16 个小时的浴血奋战，3 日上午乌江浮桥架成。下午，军委纵队和红五军团等顺利通过了浮桥。毛泽东走上浮桥，不住声地赞叹："真了不起，我们工兵就地取材，用竹排架成这样的桥，世界上都没有。"

至 6 日，中央红军全部渡过乌江天险，敌军围歼红军于乌江南岸的企图化为泡影。

红军长征史考场

问：红军是用什么方法渡过乌江的？

答：竹排。

挺进黔北

智取遵义 >>>

红六团担任攻占遵义的任务。第一营为前卫，由营长曾保堂率领，1935年1月3日下午突破乌江后，立即向遵义挺进。5日，红六团跨过羊岩河进到团溪，当夜，总参谋长刘伯承率军委干部团也赶到团溪，立即部署攻占遵义的计划。

6日清晨，刘伯承亲率红六团从团溪出发，冒雨向深溪水前进。大雨给部队行军增加了困难，但也麻痹了敌军，他们没有料到红军会在大雨之夜突然打来。许多敌兵被枪声惊醒，来不及穿衣服就当了俘虏。红六团圆满地完成了上级交给的战斗任务。

后续部队及时赶到，刘伯承命令营长曾保堂立即集合部队，夺取遵义城。红六团审讯俘虏，摸清了遵义守敌及城防工事的情况。政委王集成同团长朱水秋当即决定，部队化装成敌人，利用俘虏去诈城，打个便宜仗。

很快，第一营第三连和侦察排及全团20多个司号员，身着敌军的服装，让俘虏走在前面带路，乘着夜色，顺利地到达了遵义城下。他们向城楼上的守军喊话，磨蹭了20多分钟，守城敌人才认为是“自己人”。城门一开，红军立即蜂拥而入，20多个司号员一齐吹起了冲锋号，后续部队迅速攻进城。红军在城内没费多大劲就抓了几百名俘虏，其余守敌纷纷出北门逃向

遵义城

桐梓。

7日凌晨，红军完全占领遵义。总政治部下发了十二条口号和八项注意，要求各部队广泛宣传、严格执行。

勇夺娄山关 >>>

1月8日，朱德致电各军团、军委纵队，命令红二师先头团“明日应向娄山关侦察前进，驱逐和消灭该地敌人，并相机占领桐梓”。

娄山关位于遵义、桐梓之间，距遵义60余公里，距桐梓20余公里，是两地的要冲，遵义的北大门。娄山关四周山峰环立，川黔公路由南向北盘旋至关口，从两座山峰之间通过，形成一道狭窄的通道。这里的地形十分险要，是兵家必争之地，有“一夫当关，万夫莫开”之称。当时娄山关守敌为黔军侯之担部3个团，王家烈命令他们死守险关，不得后退一步。中央红军如果不及时控制娄山关，下一步行动将受到极大的限制。

根据军委指示，刘伯承、聂荣臻与红二师首长研究决定，命令红四团为先头部队，向娄山关挺进。9日拂晓，红四团在团长耿飚、政委杨成武的率

娄山关

领下由板桥镇出发，向娄山关急速前进，8时许逼近关下。以第一营担任正面主攻，第二营为第二梯队，团参谋长李英华带一个步兵连及团侦察排，隐蔽地向右侧山峰运动，攀登右面高山，觅小路向敌后迂回。

两小时后，红军总攻开始。守敌发现红军向关后迂回，怕后路被截断，抵抗一阵后向桐梓方向撤退。红四团见敌要跑，迅速攻上娄山关，占领关口。乘敌溃退之势，一鼓作气追了15公里，直抵桐梓，击溃守敌，俘敌数百名，当天上午就攻占了桐梓城。

人物　刘伯承

事件　夺取遵义

地点　黔北

☆ 事件背景 ☆

遵义是黔北的首府，贵州第二大名城。红军乔装改扮，机智地占领遵义城，打了个便宜仗。红军总部进入遵义之后，积极开展各项工作。

进驻桐梓 >>>

桐梓城是王家烈的老巢，传说中夜郎自大的夜郎国最早就建都在这里。这里街道宽敞整齐，市面繁荣，虽四面环山却有电灯，并且有几个小工厂，建有许多相当考究的小洋楼。

下午4时，红二师师部进驻桐梓城。这时，城内的达官贵人早已抱头鼠窜，争相逃命而去，正好为进驻的红军腾出了营地，每排分驻一座洋楼。红军指战员们在参军前大多数都是贫苦的农民，他们从没有见到过洋楼和电灯。如今听说每个排进驻一座楼，个个都兴高采烈，有的同志还抽空去参观电灯公司的发电机，看看能使许许多多灯亮起来的东西到底是个什么样子。

遵义县革命委员会成立 >>>

经过十余天的征战，中央红军控制了以遵义为中心的黔北的广大地区。遵义是黔北的首府，贵州第二大名城。这里是黔北各种土产的集散之地，也是汉、苗、黎各族商旅云集之所，市面十分繁华，是红军长征以来所经过的第一座较大的城市。

早在五四运动时期，遵义就爆发过声势浩大的爱国运动。1931 年九一八事变之后，遵义建立了中国共产党的地下组织。1934 年冬，革命青年组织“反日反帝大同盟”得知中央红军即将进入遵义的消息，立即将“同盟”改为“红军之友协会”，组织人民做好欢迎红军的准备。红军进城的那天，全市的工、农、学、商兴高采烈，男女老幼奔走相告，击鼓鸣炮。这是红军自离开中央革命根据地以来所经历的最激动人心的场面。

红军总部进入遵义之后，根据黎平会议和猴场会议关于建立以遵义为中心的川黔边新根据地的决议，积极开展各项工作。

1 月 12 日，红军总政治部在当时的贵州省立第三中学操场，召开了遵

红军在遵义对俘虏讲政策的宣传画

义县革命委员会成立大会。这次被群众称为“万人大会”的场面十分壮观，参加会议的人数近万，会场内外，旗帜如林，是遵义历史上空前规模的一次群众集会。

中央革命军事委员会主席朱德首先讲话，阐明了红军是工人农民自己的队伍，有严格的纪律，自觉执行“三大纪律，八项注意”，愿意联合国内各党派、军队和一切力量共同抗日。接着，中华苏维埃共和国中央政府主席毛泽东、中国工农红军总政治部代主任李富春等也讲了话。大会宣布成立临时革命政府——遵义县革命委员会。会后，朱德还参加了红军篮球队和遵义第三中学篮球队进行的友谊比赛。

遵义县革命委员会成立后，贯彻中华苏维埃共和国中央政府的土地政策、经济政策和劳动法等，积极开展土地革命，打土豪，分田地，广泛发动群众，组织起了有七八百人参加的游击队和有1000多人参加的革命先锋队。

与此同时，广大群众也积极帮助红军筹粮筹款，护理伤病员，踊跃参加红军，短短的10多天里，遵义地区就有4000余人加入红军，红军在兵员和物资上得到了补充。

红军长征史考场

问：长征中“一夫当关，万夫莫开”的兵家必争之地指什么地方？

答：娄山关。

遵义会议

酝　酿 >>>

1935年1月15日至17日，中央政治局在遵义召开了扩大会议，这就是著名的遵义会议。遵义会议的召开，经历了一个长期而紧张的酝酿过程。在这一过程中，毛泽东始终起着主导的和决定的作用。

早在第五次反“围剿”过程中，毛泽东就曾多次提出战略性建议，均被“左”倾领导者所拒绝。长征开始后，毛泽东在中央领导层中做了大量细致的思想工作，帮助一些同志明辨是非、转变错误立场。

王稼祥当时担任中革军委副主席、红军总政治部主任，在第四次反“围剿”时他负了重伤，长征中坐着担架随队行动。当时毛泽东也因病坐担架，经常和王稼祥同行。他们就天天一边行军一边交谈，深入地讨论了许多有关党和军队前途的问题。

接着，毛泽东又做张闻天的工作。张闻天是中央政治局委员、书记处书记，在党内的地位仅次于博古，是“左”倾领导层中的核心人物之一，他虽然执行过“左”倾冒险主义错误，但在许多问题上与毛泽东有着相同的看法。长征开始后，他同毛泽东、王稼祥住在一起，进一步加深了对毛泽东的了解。

在同毛泽东商议以后，王稼祥出面提议召开遵义会议，得到张闻天、

遵义会议会址

周恩来、朱德等同志的支持。

拨乱反正 >>>

1 月 15 日晚，中共中央政治局扩大会议在遵义军阀柏辉章的公馆里举行。这是当时遵义城内最好的建筑，北面主楼上有一小客厅，可容纳 20 余人。会场就设在这小客厅里。天花板上吊着一盏煤油灯，中间放着一张长方形的桌子，20 把椅子摆成了一个半圆形，为驱赶寒冷，地板上烧着一盆炭火。参加会议的有中央政治局委员毛泽东、朱德、陈云、周恩来、洛甫（张闻天）、博古；中央政治局候补委员王稼祥、邓发、刘少奇、凯丰（何克全）；中央秘书长邓小平；红军总部和各军团负责人刘伯承、李富春、林彪、聂荣臻、彭德怀、杨尚昆、李卓然；其他人员还有李德和翻译伍修权。会议由党中央负责人博古主持。

会议首先根据刘伯承、聂荣臻的建议，讨论黔北地区是否适合建立根据地的问题。经过讨论，大家认为这里人烟稀少，少数民族又多，党的工作基础薄弱，不便于创建根据地，决定北渡长江，同红四方面军会合，在

人物 毛泽东

事件 遵义会议

地点 遵义

☆ 事件背景 ☆

1935 年 1 月 15 日至 17 日，中央政治局在遵义召开了扩大会议，这就是著名的遵义会议。会议纠正了当时具有决定意义的军事上和组织上的错误，确立了以毛泽东同志为代表的党中央的正确领导，使党中央和中央红军得以在极其危急的情况下保存下来，胜利地完成长征，打开中国革命的新局面。这是党的历史上一个生死攸关的转折点。

川西或川西北创建根据地。

会议讨论总结第五次反“围剿”以来的经验教训。博古做主报告，他把第五次反“围剿”失败归结于敌人力量过于强大。对博古的这一结论，大家都不同意。与会人员认为，敌人的力量强大固然是反“围剿”失败的一个原因，但不是主要原因。前四次反“围剿”敌我力量也悬殊，但都胜利了；第五次反“围剿”，敌兵虽然强大，但红军力量也增强了，有 10 多万人，另外，当时第十九路军在福建同蒋军作战，广东军阀不积极，这些都是前四次反“围剿”所不具备的有利条件。博古在报告中还强调白区工作薄弱、战斗力薄弱、后方物资供应工作没有做好等原因，都遭到大家的反对。

中革军委副主席、红军总政委周恩来做副报告。他指出，第五次反“围剿”失利的主要原因是军事领导者犯了战略战术方面的严重错误。他主动承担责任，做了自我批评，同时也批评了博古、李德的错误。

按照会前与毛泽东、王稼祥共同商量的提纲，张闻天做了反对“左”倾军事错误的报告，即“反报告”，比较系统地批评了博古、李德在军事指挥上的错误。他做的“反报告”，为遵义会议彻底否定单纯防御路线定了基调。

毛泽东紧接着做了重要发言，讲了一个多

小时。他在发言中指出，第五次反“围剿”失败的主要原因绝不在于客观，而是由于博古、李德实行单纯防御路线，在战略战术上犯了一系列错误。他将主要错误列举为以下四点：以堡垒对堡垒；分散兵力；没有利用十九路军事变；在战略转变上迟疑不决，在突围时仓促出击、行动无序，使红军的战略突围行动变成了一种惊慌失措的逃跑和搬家式的行动，使红军处于被动挨打的局面，减员达到空前的程度。

毛泽东之后发言的是王稼祥。他表示完全赞同毛泽东的意见，严厉地批评了博古、李德违反民主集中制，在军事指挥上个人专断的恶劣作风，并且提议，撤销李德在军事上的指挥权，毛泽东应当参与军事指挥。

朱德历来谦逊稳重，这次会议上却很激动地发言，严厉地谴责博古、李德军事上的瞎指挥，弄得丢掉根据地，牺牲了几万名战士。他说：“如果继续这样地领导，我们就不能再跟着走下去！”

周恩来也表示坚决支持毛泽东对“左”倾军事错误的批判。他指出，只有改变错误的领导，红军才有希望，革命才能成功。他的发言和倡议得到了与会绝大多数同志的积极支持。

刘伯承、李富春、聂荣臻、彭德怀、李卓然等都相继发言，表示支持毛泽东的发言和张闻天的“反报告”。

在会上，公开反对“洛甫及毛、王的提纲和意见”的，只有担任少共中央书记的凯丰，他甚至对毛泽东说：“你懂得什么马列主义？你顶多是知道些《孙子兵法》！”博古虽然是被批判的主要对象之一，但他的态度还是比较端正的，并没有借主持会议的权力去压制别人的意见。

遵义会议室内景

红军干部在这所天主教堂里听取了遵义会议的传达

会上被直接批判的是博古，批判博古实际上就是批判李德。别人都是围着长桌坐，李德却坐在会议室的门口，很狼狈；别人发言时，他一边不停地听着伍修权的翻译，一边不断地抽烟，神情十分沮丧。他拒绝大家对他的批评，不承认自己有什么错误，把责任推到客观原因和临时中央身上。

会议一共开了三天，气氛紧张激烈，发言的声音很高，每天总是开到半夜才休会。最后，会议做出了下列重要决定：选举毛泽东为中央政治局常委；指定洛甫起草会议决议，委托政治局常委审查后，发到支部去讨论；政治局常委再进行适当的分工；取消“三人团”，仍由最高军事首长朱德、周恩来为军事指挥者，委托周恩来为党内对于指挥军事下最后决心的负责者。

遵义会议是中国共产党历史上开始独立自主地解决中国革命和革命战争的重大问题的会议，在这以后，中国革命开始摆脱不真正了解中国情况的共产国际的干预和束缚。会议纠正了过去党内民主生活不正常的局面，真正实行民主集中制的原则，从此逐步形成了以毛泽东为核心的党中央领导集体，从组织上保证了党的正确路线和政策贯彻执行。

红军长征史考场

问：长征中，中国革命生死攸关的转折点是什么？

答：遵义会议。

转战云贵川，
摆脱围追堵截

四渡赤水

准备北上渡长江 >>>

红军进入黔北地区后，蒋介石集中大量兵力向遵义地区进逼，企图在乌江西北、川黔边境地区围歼中央红军。敌军总兵力共约40万人，中央红军只剩3.7万余人。为了粉碎国民党军队的企图，渡过长江到川西或川西北建立革命根据地，中共中央和中革军委决定迅速脱离敌军重兵压境的遵义地区，攻占被川军占领的赤水城，北上渡江。

川军紧逼追来，对红军形成包围圈。中革军委主席朱德决定亲自到前线，直接指挥作战。这样做十分危险，毛泽东没有答应。朱德把帽子一脱，说："得啰，老伙计，不要光考虑我个人的安全。只要红军胜利，区区一个朱德又何惜！敌人的枪是打不中朱德的！"朱德和刘伯承到达前沿阵地，给苦战中的红军指战员以极大鼓舞，终于顶住了川军的一次次冲锋。

一渡赤水 >>>

鉴于敌人兵力正不断增加，中央

红军一渡赤水的渡口之一——土城

人物　毛泽东

事件　四渡赤水

地点　黔北

☆ 事件背景 ☆

1935年1月到3月，中央红军在毛泽东等同志的正确指挥领导下，灵活机动，四次渡过赤水河，巧妙地跳出了蒋介石苦心设计的包围圈，将几十万国民党军甩在乌江以北。这是中央红军长征中最惊心动魄、最精彩的军事行动，是红军战争史上的奇观，是以少胜多、变被动为主动的光辉典范。

政治局和中革军委召开紧急会议，根据毛泽东的意见，果断改变由赤水北上渡长江的计划，决定立即撤出，西渡赤水河，再相机北渡长江。

周恩来亲自带领人员选定架桥地点，发动群众征集架桥物资和船只。经过一夜的努力，终于在土城上下游各架起一座轻便浮桥。与此同时，陈云指挥把大部分笨重物资和山炮等沉入赤水河。

赤水河是黔北的三大水系之一，河道曲折，土城一段河面宽约200米。1935年1月29日，中央红军成功地西渡赤水河。

二渡赤水 >>>

根据敌情，毛泽东等认为中央红军从遵义地区北上以后，敌军主力大部已被吸引到川滇边地区，黔北的防守兵力比较薄弱，决定红军迅速转兵东进，二渡赤水河，再次向黔北进军，摆脱川军、滇军的夹击和国民党“中央军”的追击。

这时，一些指战员对放弃北渡长江、改向黔北进军不理解，在思想上产生疑虑。为此，中共中央、中革军委于2月16日发表了《告全体红色指战员书》，详细解释暂时放弃原定北渡长江、向川西北发展计划的原因：“为了有把握地求得胜利，我们必须寻求有利的时机与地区

红军二渡赤水的渡口之一——太平渡

去消灭敌人，在不利的条件下，我们应该拒绝那种冒险的没有胜利把握的战斗。因此红军必须经常地转移作战地区，有时向东，有时向西，有时走大路，有时走小路，有时走老路，有时走新路，而唯一的目的是为了在有利条件下，求得作战的胜利。”这是在敌强我弱的条件下，红军进行机动作战的基本原则。

2月18日至21日，中央红军遵照中革军委的命令，由太平渡、二郎滩等渡口第二次渡过赤水河。接着向敌人兵力比较空虚的桐梓地区前进。24日，红一军团第一团突然进攻桐梓县城，黔军弃城而逃，援军退守娄山关。

中央红军二渡赤水，回师黔北，完全出乎敌人的预料。川军3个旅慌忙向东追击，但是已落在红军后面3至4天的路程。

再取遵义 >>>

黔军王家烈见红军主力重返黔北，

急忙抽调部队向娄山关、桐梓增援，企图在娄山关或遵义以北地区阻止并围歼红军。中革军委命令部队迅速击破黔军的阻拦，占领娄山关及其以南地区，再取遵义，以争取主动。

2月25日拂晓，红三军团先头部队第十三团，从北向南对娄山关的黔军发动猛攻，经过激战，当晚攻占娄山关，控制了制高点。敌人为夺回主阵地，兵力增加到6个团，组织多次反扑，均被红军击退。

中央红军占领娄山关后，毛泽东即兴填词《忆秦娥·娄山关》：

西风烈，
长空雁叫霜晨月。
霜晨月，
马蹄声碎，
喇叭声咽。

雄关漫道真如铁，
而今迈步从头越。
从头越，
苍山如海，
残阳如血。

红一、红三军团乘胜向遵义方向追击。2月27日黄昏，红一、红三军团不顾连日作战疲劳，奋力发起攻城战斗，一举突入遵义新城，王家烈慌忙率黔军弃城向南溃逃。28日晨，红军重占遵义城。

中央红军在5天之内，取桐梓，占娄山关，再夺遵义，共击溃和歼灭敌人2个师又8个团，毙伤敌2400余人，俘敌3000余人，缴获大批军用物资。这是在毛泽东等的指挥下，发挥红军运动战优势取得的长征以来最大一次胜利。这一胜利，极大地鼓舞了全军的士气，狠狠地打击了敌人特别是蒋介石嫡系部队的气焰，蒋介石不得不承认这是“国军追击以来的奇耻大辱”。

三渡赤水 >>>

红军在遵义西南地区的活动，使蒋介石又产生了错觉，认为红军“徘徊此地，乃系大方针未定之表现”。于是令各路人马围集遵义，不顾一切寻找红军决战，并叫嚷“残匪西窜是我军围剿唯一良机”。

中央成立了由毛泽东、周恩来、

红军三渡赤水的渡口之一——茅台

王稼祥三人组成的新“三人团”，即三人军事指挥小组，全权指挥军事。3月15日，中央红军为了避免被动，再寻战机，转兵西进。16日，中革军委下达了三渡赤水的命令。中央红军由茅台及其附近地区西渡赤水河，向古蔺、叙永方向前进，摆脱了敌人，再次出现在川南。

四渡赤水 >>>

蒋介石判断红军又要北渡长江，急忙调整部署，并加强泸州上下游一带长江防线；同时，还严令各纵队赶筑碉堡，形成碉堡封锁线。蒋介石声称“剿匪成功，在此一举”，若再不歼灭红军，“何颜再立于斯世”。

正当各路敌军向川南疾进之际，毛泽东当机立断，毅然决定回师东渡，夺取战略主动权。3月20日，中革军委发布四渡赤水河的命令，以隐蔽、神速的动作，分别经二郎滩、九溪口、太平渡第四次渡过赤水河。

中央红军突然东渡赤水河，令蒋介石惊慌失措。他判断红军又要进攻遵义，急令严阵固守，再次企图在遵义地区将红军“一网打尽”。3月24日，蒋介石由重庆飞抵贵阳，就近督战。

3月27日，中央红军以红九军团暂留马鬃岭地区，伪装主力，向长干山、枫香坝佯攻，吸引敌人，主力则向南疾进。28日，红军主力由鸭溪、白腊坎之间突破敌人封锁线，冒着狂风暴雨，进入乌江北岸的沙土、安底地区。31日，分别由江口、大塘、梯子岩等处南渡乌江，进至息烽西北地区。至此，中央红军在毛泽东等的正确指挥下，巧妙地跳出了蒋介石苦心设计的在乌江以北、川黔边境地区消灭红军的包围圈，将几十万国民党军甩在了乌江以北。

最惊心动魄、最精彩的军事行动 >>>

四渡赤水之战，是中央红军长征中最惊心动魄、最精彩的军事行动，是毛泽东军事生涯中的“得意之笔”，是他的高超军事指挥艺术的生动体现，是红军战争史上的奇观，是以少胜多、变被动为主动的光辉典范。

后来，刘伯承回忆起四渡赤水时，深刻地指出：“遵义会议以后，我军一反以前的情况，好像忽然获得了新的生命，迂回曲折，穿插于敌人之间，以为我向东却又向西，以为我渡江北上却又远途回击，处处主动，生龙活虎，左右敌人。我军一动，敌又须重摆阵势，因而我军得以从容休息，发动群众，扩大红军。待敌部署就绪，我却又打到别处去了，弄得敌人扑朔迷离，处处挨打，疲于奔命。这些情况和‘左’倾路线统治时期相对照，全军指战员更深刻地认识到：毛泽东的正确的路线和高度发展了的马克思主义的军事艺术，是使我军立于不败之地的唯一保证。”

红军长征史考场

问：中央红军长征中最惊心动魄、最精彩的军事行动是哪一次？

答：四渡赤水。

巧渡金沙江

佯逼贵阳，意在入滇 >>>

中央红军南渡乌江，决定乘胜进军云南，毛泽东为“调虎离山”，佯攻息烽，前锋逼近贵阳。

当时驻守贵阳及其附近的敌军兵力单薄。红军突然兵临贵阳城，吓坏了正在贵阳督战的蒋介石。他一面急令第二路“追剿”军各纵队火速增援贵阳，一面命守城部队赶修城防工事，死守飞机场，备好轿子、马匹和向导，准备随时逃跑。滇军先头部队急行军三四天，走了200公里路，终于赶到贵阳，没想到红军在离贵阳东一二十公里外转向西南疾进，并未进攻贵阳，蒋介石才算初步解除警报。

其实“西进云南、抢渡金沙江”，才是中共中央确定的战略方针。为实现这一方针，就必须调出滇军，扫除障碍。当各路敌军纷纷向贵阳“救驾”之际，云南境内兵力空虚，中央红军主力突然由清水江地区急转南下，越过湘黔公路，1935年4月24日进入云南。蒋介石企图围歼红军于黔东的计划又一次落空。

渡江前的准备 >>>

4月27日，红军占领马龙，接着攻占寻甸、嵩明，前锋直逼昆明。红军逼近昆明，震动了云南全境。当时，云南大部滇军已调往贵阳“听用”，昆明城内及周边兵力非常空虚，而蒋介石的追击部队此时还远距3天以上的路程。“云南王”龙云大惊失色，他一面电催滇军回昆明，一面调集云南各地民团防守昆明城。这样一来，就进一步削弱了滇北各地和金沙江南岸的防御力量，为红军抢渡金沙江、北上川西创造了有利条件。

根据以上情况，中革军委4月29日发出《关于野战军速渡金沙江转入川西建立苏区的指示》，争取迅速渡过金沙江，转入川西消灭敌人，建立苏区根据地。中革军委还在全军中提出了“渡过金沙江,庆祝五一国际劳动节”的口号，并编了一首渡江动员歌。歌词是：

金沙江流水响叮当，
我们红军来渡江，
不怕水深流又急，
更不怕山高路险长。
我们真顽强！
我们真顽强！

接到命令后，红一军团第二师第四团，在团长王开湘、政委杨成武的率领下，立即向禄劝、武定、元谋疾进。为了争取时间，他们将3个连化装成国民党的“中央军”，由他们做先导，分两路向禄劝、武定进发。杨成武首先率“中央军”到达禄劝，受到县长和军警官绅的“热烈欢迎”；他让县长打电话给武定县长，说“中央军”马上就到，结果王开湘的部队在武定受到更加隆重的“欢迎”。他们又用同样的方法，顺利进入元谋。在一天中一枪不发就拿下了3座县城，解除了民团的武装，缴获了大批武器、物资，为红军直插金沙江畔赢得了时间。

红九军团在东川县城召开了2万多人参加的群众大会，公审土豪劣绅，又开仓放粮，受到群众的热烈拥护，积极参军。红军还筹到了不少钱款物资、枪支弹药，人力、物力、财力都得到了补充。

勇夺皎平渡口 >>>

总参谋长刘伯承率干部团1个营及工兵，带电台1部，化装成国民党军队，一昼夜行军100余公里，5月3日赶到了皎平渡口。

金沙江是长江的上游，上接通天河，从海拔五六千米的昆仑山南麓、横断山脉东麓奔腾而下，一泻千里，水流湍急。皎平渡位于四川会理县和云南元谋县交界，是敌人阻止中央红军北上的一大险关。

人物　陈云

事件　渡过金沙江

地点　皎平渡口

当干部团到达渡口时，国民党军队把船都掳走了。刘伯承命令先遣连轻装前进，猛扑江岸，不惜一切代价抢夺船只。半夜12点，先遣连抢占渡口成功，立即利用找来的两条船，把一个排送到江北岸。敌人完全没有料到红军来得这么快，毫无准备，还在打麻将。红军战士一脚踢开门，缴了敌人的枪，完全控制了渡口两岸，无一伤亡。

☆ 事件背景 ☆

中共中央确定“西进云南、抢渡金沙江”的战略方针，为迷惑敌人、赢得战机，佯攻贵阳、昆明，巧妙地将敌人引开。等敌人主力追到江边，红军早就顺利渡过金沙江。从此，中央红军跳出数十万敌军围追堵截的圈子，粉碎了敌人围歼红军于川、黔、滇地区的计划，实现了渡江北上的战略方针，取得了前进中的主动权。

7只小船过大江 >>>

大部队到达皎平渡口后，便立即开始渡江。毛泽东、周恩来、朱德等都直接参加渡江的指挥工作，陈云还担任渡江指挥部政委。开始，仅靠原有的两只船，在急流中往返一次需40分钟，每昼夜只能渡1200人左右。如果照此速度，全军要一个月左右才能渡完。后来在船民的帮助下，又找到了5只船，并联络了川滇两岸35名船工。红军首长亲自向船工宣传革命道理，红军虽给养困难，还杀猪宰羊，优待船工，并给每人每天发5块银圆的工资，船工们个个愿为红军出力。

红军就依靠这7只小船，经过9天9夜，全部渡过江去。等敌人的大队人马赶到，船只已经烧毁，红军早已远走高飞了，追敌只有望江兴叹，无可奈何！

渡过金沙江后，黄镇等创作了名为《一只破草鞋》的活报剧，讽刺敌人追击千里，只捡到红军丢下的一只破草鞋的狼狈相。红军战士们看了这个活报剧，个个捧腹大笑。

从此，中央红军跳出了数十万敌军围追堵截的圈子，粉碎了敌人围歼红军于川、黔、滇地区的计划，实现了渡江北上的战略方针，取得了前进中的主动权。这是红军长征中声东击西、避实击虚的一次精彩的军事行动，是一次具有重大意义的胜利。就连在遵义会议上刚被罢免军事指挥权不久的李德，也承认红军“渡过金沙江以后，在战略上形成了一种新的比较有利的局势”。

红军长征史考场

问：中央红军用了多少只船渡过了金沙江？

答：7只小船。

歃血盟誓

宣传党的政策 >>>

1935年5月21日，红军主力经冕宁北进。为顺利通过彝族区，组成中央红军先遣队，由刘伯承兼司令员，聂荣臻兼政治委员，率先向大凉山彝族区进发。

彝族长期遭受国民党政府、地方军阀以及奴隶主的残酷压迫和剥削，经济文化落后，生活极其贫困。由于历史上造成的民族隔阂，他们对汉人不信任，不准汉人的军队进入他们的地区。红军要从这里过路，困难是很大的。

为了顺利通过彝民聚居区域，以红军总司令朱德名义发布了《中国工农红军布告》，宣传中国共产党和红军对少数民族的政策，号召彝族人民同红军合作，共同反对国民党的反动统治：

中国工农红军，解放弱小民族；
一切彝汉平民，都是兄弟骨肉。
可恨四川军阀，压迫彝人太毒；
苛捐杂税重重，又复妄加杀戮。
红军万里长征，所向势如破竹；
今已来到川西，尊重彝人风俗。
军纪十分严明，不动一丝一粟；
粮食公平购买，价钱交付十足。
凡我彝人群众，切莫怀疑畏缩；
赶快团结起来，共把军阀驱逐。
设立彝人政府，彝族管理彝族；

真正平等自由，再不受人欺辱。

希望努力宣传，将此广播西蜀。

人物　小叶丹

事件　歃血盟誓

地点　大凉山

☆ 事件背景 ☆

红军要通过大凉山，必须要得到当地彝族人民的协助。红军先遣队一面宣传共产党的民族政策和红军的宗旨，一面派代表同彝族首领谈判，化干戈为玉帛。司令员刘伯承还同彝族首领小叶丹歃血盟誓，结拜为兄弟。中央红军顺利通过彝族区。

同时，在中央红军各部队中，深入进行党的民族政策和红军纪律的教育，严格要求指战员尊重彝族风俗习惯，遵守“三大纪律，八项注意”，以模范行动来扩大党和红军的政治影响。

真诚的友谊 >>>

5 月 22 日，中央红军先遣队从冕宁大桥出发，进入彝族地区。当部队行至冕宁北 25 公里处的袁居海子 (今彝海子) 地区时，遭到彝族罗洪、老伍、沽基 (鸡) 等家支的拦阻。红军先遣队一面向彝族群众宣传共产党的民族政策和红军的宗旨，一面派代表同彝族首领谈判，并按照各家支不同的政治态度，采取不同的政策，争取了大多数彝族同胞站在红军一边,化干戈为玉帛。

按照彝族的习俗，刘伯承司令员同首领小叶丹歃血盟誓，结拜为兄弟。刘伯承高高地端起盛有鸡血水的大碗，大声发出誓言 :“上有天，下有地……刘伯承愿与小叶丹结为兄弟……”他念完最后一句，便一饮而尽。小叶丹叔侄也立即把“盟酒”饮下。当晚，刘伯承司令员邀请小叶丹等同返大桥营地，热情款待他们，进一步加深了汉彝两民族间的兄弟情谊。刘伯承司令员还代表红军授予小叶丹一面书写着“中国彝民红军沽鸡支队”的队旗，正式成立了中国红军彝民支队，并赠送武器、弹药，帮助他们建立自己的武装。

5 月 23 日，中央红军主力由小叶丹带路，进入彝族区，受到彝族同胞的热烈欢迎。红军指战员为感谢彝族兄弟的支援，每人都准备了一件礼物赠给彝族兄弟。彝族同胞到处传颂红军纪律严明、爱护群众的动人事迹，许多彝族青年还踊跃地参加了红军。在广大彝族同胞的帮助下，红军顺利通过了彝族区，彻底粉碎了蒋介石企图利用彝汉民族在历史上形成的隔阂阻止红军前进的计划。

红军长征史考场

问：大凉山是什么民族的居住区？

答：彝族。

刘伯承和小叶丹在这里歃血为盟

小叶丹的夫人

飞夺泸定桥

天 险>>>

中央红军通过彝族区后，向大渡河进发。早在中央红军过金沙江后，蒋介石即断定红军必渡大渡河北上，因此飞抵昆明亲自部署会战，命令大渡河沿线各地赶筑碉堡工事，并调集10余万兵力，企图凭借大渡河天险，将中央红军围歼于金沙江以北、大渡河以南、雅砻江以东地区。

安顺场

1863年5月，太平天国的名将石达开率部由云南进入四川边界，抵达大渡河畔。前有急流阻断，后有清兵追击，加上粮草不济，形势极其险恶。石达开下令乘夜强渡，但惨遭失败，全军覆没。他把五个妻妾、两个幼子都沉到大渡河中，写下了“大江横我前，临流曷能渡”的悲叹。后人把安顺场后的大山——当年石达开部队安营扎寨的地方，取名为营盘山。蒋介石鼓动部下“以清代活捉石达开之川督骆秉章相勖勉”，使中央红军成为“石达开第二”。

70多年之后，红军差不多也是沿着石达开行军的路线来到安顺场营盘山，准备抢渡大渡河的。但是，同70多年前的石达开相比，红军面临着更加严峻的形势。

从时令上说，红军到达大渡河畔比石达开要晚半个月，已进入洪水期，河宽100多米，水深流急。渡口对岸高山耸立，两山之间有一条狭缝，是唯一能上岸的通道，但川军一个营已占领这条小道，并正在构筑工事，凭险防守。

在军情方面，蒋介石效法清代将领骆秉章对付石达开的战役部署，上到富林下至泸定桥，沿河陈兵，把河岸包围得像铁桶一般。此外，蒋介石还令河防部队毁掉船只、粮食及一切可供红军利用的物资器材，并利用特务唆使少数民族阻挠红军前进。

人物 王开湘

事件 夺取泸定桥

地点 泸定县

☆ 事件背景 ☆

蒋介石企图凭借大渡河天险围歼红军。红四团英勇的22位突击英雄，抱着木板，冒着战火，爬上高悬的铁索，一面铺桥，一面冲锋，占领了泸定城，牢牢地控制了泸定桥。中央红军主力陆续由泸定桥渡过大渡河，彻底粉碎了蒋介石的大渡河会战计划。

强渡大渡河 >>>

然而，蒋介石高兴得太早了。中国共产党领导的红军，是不会重演历史悲剧的。中央红军先遣队红一师第一团在通过大凉山彝族区后，冒着大雨经过70多公里的急行军，于1935年5月24日赶到安顺场，并歼灭守敌两个连，缴获渡船1只，控制了渡口。

5月25日，红一团开始强渡大渡河。上午7时，第二连连长熊尚林率领17名勇士组成渡河奋勇队，在团机枪连和军团炮兵营的火力掩护下，乘小船由安顺场驶向对岸。勇士们乘坐小船，在船工的帮助下，冒着敌人密集的火力，在惊涛骇浪中奋力前行，终于登上对岸。敌人见红军冲上来，发起反扑，手榴弹、滚雷像冰雹似的往下扔，企图趁红军战士立足未稳，把他们赶下河去。智勇双全的勇士们，利用又高又陡的台阶死角做掩护，沿台阶向上猛烈冲杀。经过激烈战斗，击溃守敌，红军终于控制了对岸渡口，巩固了滩头阵地，从而在敌人视为插翅难飞的天险大渡河防线上，打开了一个缺口。

红一团强渡大渡河成功后，《战士报》1935 年 6 月 2 日报道了他们的事迹，标题是醒目的大字：“用我们铁的红军，无坚不摧，战无不胜的勇敢精神，扫平一切当前敌人！”

大渡桥横铁索寒 >>>

红一团虽然渡河成功，打开了中央红军北进的通路，但是，大渡河水流湍急，河面太宽，不能架桥，找到的四只渡船，只有一只是好的，全军几万人马如果只靠这几只小船来渡河，不知要花费多少时间，而且此时尾追之敌薛岳部已过德昌，正向大渡河昼夜赶进，情况十分紧急。5 月 26 日，中革军委做出新的部署：改向西北，争取并控制泸定桥渡河点。

5 月 27 日拂晓，左纵队先头部队红四团由团长王开湘、政治委员杨成武率领，在“和敌人抢时间，和敌人赛跑，坚决完成任务，拿下泸定桥”的口号下，从安顺场出发，不顾饥饿，不怕疲劳，多次击溃川军的拦阻，昼夜兼程向泸定桥疾进。

傍晚，突然下起倾盆大雨，电闪雷鸣，天黑得伸手不见五指。部队将士一天没有吃上饭，肚子饿得实难支持，道路泥泞，更是走不快，牲口、行李都跟不上。忽然，对岸山坳上出现一条长串的火龙，飞快地向泸定桥方向奔去，这是敌人也在赶往泸定桥。如果红军不点火把，天黑无法赶路；如果点火把，又担心对岸的敌人发觉。在紧急关头，政治委员杨成武下决心命令部队全部点火，并通知各连队：“假使对岸敌人问我们是哪部分的，就

泸定桥

答他是某师某团某营，今天被‘共匪’打败的。”敌人听了也不怀疑，仍然点着火把在北岸赶路，红军也点着火把在南岸赶路。两路火，两路人，形成了两条火龙在河两岸竞相赛跑的奇特场面。

红军战士们以无比坚强的毅力，克服了一切困难，经过160公里的急行军，快过了对岸的敌人，于29日晨赶到泸定桥，占领了西桥头。

泸定桥位于今四川省泸定县，扼川康要道，是中国著名的铁索桥。桥长100米、宽2.8米，由13根铁索组成。桥身是9根平行的铁索，上铺木板，当作桥面；桥栏左右各两根铁索，作为扶手。在红军到达前，守桥的敌人已将桥面上铺的木板拆除，只剩13根铁索横在大渡河上，在江水的咆哮声中摇晃。

5月29日16时，红四团发起夺桥战斗。全团的司号员集中吹起冲锋号，所有的武器一齐向对岸敌人开火，

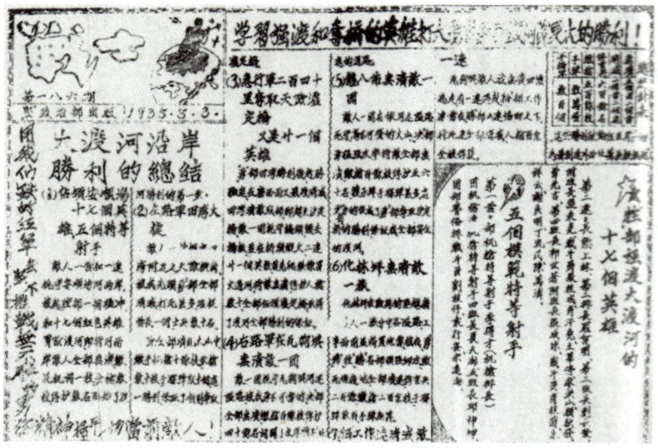
第一八六期
1935·5·3·
大渡河沿岸
勝利的總結
十七個英雄
五個模範特等射手
十七個英雄

报道强渡大渡河的油印报

军号声、枪炮声、喊杀声震撼山谷。22 位突击英雄手持冲锋枪或短枪，背插马刀，腰缠 12 颗手榴弹，在廖大珠连长的率领下，冒着密集的枪弹，攀着桥栏，踏着铁索向对岸冲去。跟着他们的是三连长王有才率领的第三连，他们除携带武器外，每人扛一块木板，一边铺桥，一边冲锋。

当突击队刚冲到对面桥头时，西城门突然烧起大火，敌人企图用火把红军挡在桥上，火光照红了半边天，桥头被熊熊大火包围住了。在这千钧一发的时刻，突击队员向着火里冲去，与敌人展开巷战。敌人集中全力反扑过来，突击英雄的子弹、手榴弹都打光了，眼看支持不住了，王有才连长带着第三连赶到，接着后续部队也迅速过桥进了城。经过两小时的激战，两个团的敌人被消灭大半，剩下的狼狈逃窜。黄昏，红军占领泸定城，牢牢地控制了泸定桥。

红四团占领泸定桥后，沿大渡河左岸北上的红一师和干部团，在刘伯承、聂荣臻的率领下，也日夜兼程疾进，在击破敌人 1 个团兵力的拦阻后，顺利到达泸定城。接着中央红军主力陆续由泸定桥渡过大渡河。这样，就使蒋介石的大渡河会战计划，以及企图使中央红军成为“石达开第二”的梦想，彻底破灭。

红军长征史考场

问：红军飞夺泸定桥有多少勇士？

答：22人。

翻越夹金山

鸟儿都飞不过的雪山 >>>

1935年6月8日，中央红军突破敌人防线，进到夹金山脚下。夹金山是中央红军长征中翻越的第一座大雪山，海拔4000多米，终年积雪，空气稀薄，没有道路，没有人烟，气候变幻无常，时阴时晴，时雨时雪，忽而冰雹骤降，忽而狂风大作，有“神山”之称。当地有首歌谣说：“夹金山，夹金山，鸟儿飞不过，人不攀。要想越过夹金山，除非神仙到人间。”来自南方衣着单薄的红军指战员，要越过这人迹罕至、禽兽无踪的雪山之巅，困难是可以想象的。

在爬雪山前，中央红军召开了动员大会。指战员们也纷纷做准备，用柏树皮、干竹子扎起一个个“火照”，砍来竹竿、粗树枝做成拐杖，每个人都带上一些干海椒御寒。

征服“神山” >>>

6月12日，红军开始向夹金山进军。指战员们冒风雪、战严寒，手拉手，艰难地向前迈进，饿了就啃点干粮，渴了就抓把雪解渴，累了也不敢休息，因为一坐下来就有再也站不起来的危险。越往上爬，气温越低。红军身上穿的都是单衣，寒风吹在身上，冻得浑身哆嗦；雪粒打在脸上，像刀割似的疼痛；特别是一双脚，长时间在冰雪里行走，草鞋浸湿后冻上了冰，

人物 徐特立

事件 征服“神山”

地点 四川宝兴县

☆ 事件背景 ☆

夹金山山势险峻，气候恶劣，中央红军广大指战员怀着必胜的坚定信念，团结互助，终于征服了长征中的第一座大雪山。

硬邦邦的，磨得生疼，很多同志的脚被冰碴划破，鲜血直流。空气越来越稀薄，呼吸越发困难，讲话是完全不可能的事，冷得人连呼气都结了冰，手和嘴唇冻得发紫。有些人和牲口一步没踏稳，掉进冰河；有人坐下来想休息一下，就在原地冻僵了。在快接近山顶时，忽然天空乌云滚滚，刹那间，狂风大作，大雪夹杂着鸡蛋大的冰雹，没头没脑地向指战员们袭来，有的伤病员倒在雪地上就再也没有站起来。

爬雪山，最困难的还是年老体弱的同志、妇女、伤病员，以及肩扛物资的战士，特别是徐特立、林伯渠、董必武、谢觉哉、朱德等年纪大的同志。徐特立当时已年近60岁，头发斑白，牙齿都脱落了，但他一如士兵，很少骑马。朱德虽然有一匹马，却让给了伤病员，自己背着粮食和战士一样爬山。有的女同志刚生过小孩，有的正在怀孕，爬起雪山来特别困难。

为了不使战友们掉队，大家发扬阶级友爱精神，互相搀扶着，一步一停、一步一喘地向上攀登。中午，部队终于登上了山顶，高高的大雪山被红军指战员踩在了脚下！大家欢呼起来，欢呼声响彻冰山雪峰，在山谷间久久地回荡着。

中央红军广大指战员怀着必胜的坚定信念，发扬不怕苦不怕死的革命精神，以坚忍不拔的

夹金山

顽强毅力，同心同德，团结互助，战胜风雪严寒和高山缺氧等重重险阻，终于征服了“神山”，跨过了第一座大雪山。

在先头部队翻越夹金山后，中央红军主力于 6 月 17 日翻越夹金山。中共中央关于与红四方面军会师的计划，就要实现了。

红军长征史考场

问：中央红军长征中翻越的第一座大雪山是什么山？

答：夹金山。

红四方面军的策应

强渡嘉陵江战役

建立川陕苏区 >>>

红四方面军原在鄂豫皖苏区，是中国工农红军的主力之一。1932年6月，国民党军队对鄂豫皖苏区和红四方面军发起大规模的第四次“围剿”。面对强敌，红四方面军进行了两个多月的艰苦作战，终未能打破“围剿”。10月，红四方面军主力越过平汉路向西转移，撤离了鄂豫皖苏区。全军官兵一路征战，翻秦岭，涉汉水，越巴山，于12月由陕西南部进抵四川北部的通江、南江、巴中地区。

川北一带敌人兵力空虚，有利于红军在此落脚，建立革命根据地。到1933年10月，红四方面军建立的以通、南、巴为中心的川陕苏区，纵200余公里，横250余公里，总面积达4.2万余平方公里，人口约500万。红四方面军由刚入川时的1.4万余人，扩大到8万余人，建制由4个师发展到5个军15个师。川陕革命根据地的最高领导机构为西北革命军事委员会，主席张国焘，副主席陈昌浩、徐向前，参谋长曾中生。曾经在鄂豫皖苏区出现的如火如荼的斗争场景，在川陕苏区得以再现。

川陕苏区的发展引起国民党当局的震惊。1933年9月，刘湘就任四川“剿匪”总司令，集结川军各路势力，向川陕苏区和红四方面军发动六路围攻。从1933年10月底到1934年9月中旬，红四方面军先后毙伤俘敌军 8 万余人，缴枪 3 万余支、炮百余门，击落敌机 1 架。但苏区军民也付出了极大的代价，红四方面军伤亡 2 万余人，部队减员严重，根据地急需的粮食、食盐、衣被、药品严重匮乏，物资短缺，补给困难。

1934 年 10 月，蒋介石在川陕苏区周围部署 200 个团以上，企图以稳扎稳打、筑碉封锁、步步为营、南北夹击的战术，最终消灭红四方面军。红四方面军总指挥徐向前提出：依托老区，收缩战线，发展新区，以胡宗南部为主要打击目标，夺取甘南的碧口和文（县）、武（都）、成（县）、康（县）地区，并伺机向岷州、天水一带发展，以打破敌人的“川陕会剿”。张国焘、陈昌浩等人都表示赞同。

策应中央红军 >>>

红四方面军领导人一直密切关注中央红军的动向。他们一面通过电台不断向党中央报告红四方面军的行动，一面多方搜集有关中央红军的消息，长征中的党中央和中央红军也在积极寻求与红四方面军取得联系。

1935 年 1 月 22 日，中央政治局、中革军委向红四方面军发出指示：“我野战军转入川西……故你们宜迅速集结部队完成进攻准备，于最近时期，实行向嘉陵江以西进攻。……若你们依战况发展，能进入西充、南充、蓬溪地带，则与我军之配合最为有利。”

按照中央来电，红四方面军的任务是集中全力西渡嘉陵江，突入敌后，在运动中寻机歼敌，策应中央红军渡江北进。这意味着，红四方面军主力将离开川陕根据地，向嘉陵江以西发展。这是一个关系川陕苏区和红四方面军全局的战略性问题。红四方面军认为，如果不是中央红军处境艰难，中央不会做出这样的决定，因此，红四方面军头等紧要的任务，是西进策应中央红军作战。红四方面军最后决定：暂时停止与胡宗南的角逐，适当收缩东线兵力，集中主力西渡嘉陵江。

红四方面军回师川北以后，准备西渡嘉陵江，但这时形势发生了新的变化。1 月下旬，中央红军土城镇战斗失利，加之敌军已在泸州附近长江沿岸地区布重兵防守，党中央和中革军委决定暂缓实施北渡长江计划，改向四川、云南交界地区集中。但此时川陕苏区大部分被敌人占领，红四方面军“已若箭在弦上”，非进不可。红四方面军领导人决定，仍按原定目标，强渡嘉陵江，同时密切注视中央红军的转战动向，伺机进行策应。

人物　徐向前

事件　嘉陵江战役

地点　四川苍溪

强渡嘉陵江 >>>

嘉陵江是四川省的四大河流之一，起源于陕西凤县的嘉陵谷，由北至南，自广元起汇合白龙江水流，一泻千里，直下长江。两岸山峦耸立，江面宽阔坦荡，中上游出没于高山峡谷之间，奔流湍急，确实是一道难以逾越的天堑。

凭借自然界的天险，敌军在嘉陵江西岸设置了一道人为的屏障。敌军以53个团的兵力布防，地堡林立，江上的船只全部被掠往西岸，敌人还强迫当地百姓在沿江重要的滩头地段挖掘陷阱、埋插竹签，企图阻止红军西渡。

☆ 事件背景 ☆

红四方面军原在鄂豫皖苏区，是中国工农红军的主力之一。1932年底，撤离鄂豫皖苏区，进驻陕南、川北一带，建立了川陕苏区。1935年1月，为缓解中央红军的压力，中共中央命令红四方面军集中全力西渡嘉陵江，突入敌后，在运动中寻机歼敌，策应中央红军渡江北进。

为了制订可行的渡江计划，胜利实现渡江，红四方面军总指挥徐向前、副总指挥王树声，率领孙玉清、杜义德及参谋人员，翻山越岭，长途跋涉，沿嘉陵江东岸，察看地形，了解敌情，选择渡口，先后行程一二百公里。

徐向前、王树声等察看的结果，发现敌人

江防并非“铁板一块”、固若金汤，其间有很多薄弱环节。从苍溪小浙河至镇水百利坝，近50公里江岸只有3个团防守，而真正布置于前沿阵地的兵力仅有4个多营。这一段防线内的苍溪塔子山对岸两三公里是一片平滩，越过平滩为丘陵起伏地，易于部队快速展开，向纵深发展。此间的江水流速低缓，船渡比较有利。江东岸的塔子山，前山陡峭，居高临下，利于红军发挥火力，掩护部队渡江；后山坡缓，草深林茂，便于大部队隐蔽。据守这段江防的敌军只有1个营，建制不全，兵员不足，多次与红军交战，屡遭打击，士气低落，是易打之敌。据此，徐向前提出渡江作战计划：以苍溪城东南约4公里的塔子山为主渡点，实施重点和多路突击相结合的战法。

红四方面军总指挥徐向前

3月28日夜，红四方面军总指挥徐向前下达渡江命令。按照预定作战部署，左中右三支大军像三把钢刀，直插嘉陵江西岸。

担任主攻的先头部队两个营的战士分乘50多只小船，飞速驶向对岸。在茫茫夜幕里，由于江涛拍岸声淹没了船桨击水的声音，所以直到红军的船队距敌西岸不到50米的时候，敌人的哨兵才发现。渡江部队一声不响，只管拼命向前划船。当船离西岸20多米时，敌人开始用步枪射击，渡江部队船头的机枪一齐向岸上的敌人开火，部署在东岸的炮兵听到枪声，也向敌人开炮掩护。还没等敌人的火力展开，突击部队已胜利登岸。

先头部队登陆之后，猛冲猛打，很快全歼守敌3个连，占领敌军1个营的沿江防区，控制了要点。第八十八师后续部队两个团紧接其后渡江，投入战斗，乘势攻占飞虎山、高城山、万年山等制高点，击溃了增援的敌军1个旅。

攻占剑门关>>>

大部队随即向纵深发展，以疾风扫落叶之势席卷沿江敌军。4月2日，进抵剑门关下，从东、西、南三面包围了剑门关。

剑门山横亘剑阁、昭化之间，扼川陕大道。整座山地势北高南低，七十二峰峰峦绵延，高耸入云的峭壁，犹如刀削斧劈一般，山间只有一条小道。剑门关关口悬在几丈深的绝壁中，古称“剑门天下险”。关口有座三层门楼，楼上设置瞭望哨，底楼装有两扇大铁门，“一夫当关，万夫莫开”，自古以来就是兵家必争之地。敌人有3个团兵力防守在这里，地堡成群，堑壕密布，声称：“你红军过得了江，不一定过得了关。”

红四方面军副总指挥王树声指挥攻打剑门关的战斗。他命令部队集中迫击炮和机枪火力掩护突击队，向敌军各集团工事逐点实施攻击。上午11时，红军全线发起猛烈进攻。第三十一军向关口东侧敌军进攻，第三十军第八十八师向关口西侧敌人进攻。红军向守敌发起一次又一次冲锋，战况异常激烈。敌人把火力集中在主峰上，不歇气地倾泻。红军炮兵准确地将炮弹射向敌军工事，一发发炮弹在敌军工事里开花，泥土四溅，血肉横飞。红军战士端着刺刀，高喊杀声，直冲敌阵，终于攻克了关口东西两侧制高点，全歼守敌3个团，占领了被称作“插翅难飞”的剑门关要隘。

接着，红军乘胜前进，一举攻占昭化、阆中和羊模坝、三磊坝地区，阻击胡宗南部南下，并包围了广元。到这时，嘉陵江西岸敌军江防被全线摧毁。北起广元、南至南部约200公里的嘉陵江西岸地区均控制在红军手中，红四方面军渡江战役第一阶段结束。

红四方面军长征中使用过的自动步枪

突破嘉陵江的胜利，大大振奋了苏区人民的精神。当地百姓流传着一首赞誉红军胜利、嘲讽四川军阀失败的民谣：

红军过了河，
羊子奔索索，
冬瓜遍地滚，
猴子摸脑壳，
矮子挨鞭打，
刘湘怕活捉，
请问委员长，
看你又如何？！

取得连续胜利 >>>

川军江防被突破，蒋介石大为震怒，慌忙调集兵力。徐向前决定乘敌慌乱之际，立即进入渡江战役的第二阶段，向纵深进击，横扫涪嘉流域之敌。

第四军第十师攻打梓潼。梓潼离邓锡侯的大本营绵阳不过50公里，是绵阳的屏障，梓潼一失，不仅威胁绵阳，而且还会震动成都。因此，红军攻打梓潼的枪声一响，绵阳之敌马上接到梓潼守军的求援电话。敌人的电话线刚好从红军处所穿过，红军用电话机搭上，听到绵阳和梓潼及城外西南山头守敌正在通话，绵阳方面说，援兵就要到了。

指战员探听到这个情报高兴极了，提前做好充分的伏击准备。中午 12 时，援敌来到了红军伏击点，一声号令，战士们如猛虎下山，扑向敌人，经过一场激战，歼敌近两个营。敌人援兵中伏，围攻山头的红军部队也乘机发起攻击，全歼守敌。梓潼守敌更加恐慌，敌团长在电话中连连向绵阳求救："我们守不住了！"红军指挥员对着话筒喊："你们跑不了，只有缴枪投降了！"红军南北夹击，全歼城中之敌。

渡江战役的第二阶段，红四方面军连续取得作战胜利，控制了东自嘉陵江、西至北川、南起梓潼、北抵青川纵横一二百公里的广大地区。至此，从 3 月 28 日开始，历时 24 天的强渡嘉陵江战役结束。红四方面军攻克 9 座县城，共歼敌 12 个团，1 万余人。

红军长征史考场

问：红四方面军最高领导人是谁？

答：张国焘。

注：奔索索，四川土话，意思是欲逃不能。羊子，指杨森；冬瓜，指田颂尧，因田生得体胖；猴子，指邓锡侯；矮子，指李家钰，因李长得个儿矮。这几人都是四川军阀。

抢占土门要塞

西进松理茂地区 >>>

从强渡嘉陵江起，红四方面军就实际开始了长征。强渡嘉陵江战役之后，红四方面军在涪江流域比较富饶的江油、中坝一带进行休整。同时，发动群众，补充了大量的武器、弹药、粮食、被服、经费等，兵员总计约 10 万人。

红四方面军在长征中曾激战的地方——茂汶土门区的三元桥

蒋介石最害怕红四方面军同中央红军会合，形成更大的力量，建立新的根据地。为此，他调兵遣将，以江油、中坝为中心，东西堵截，南北夹击，要在涪江地区消灭红四方面军。

就在红四方面军西渡嘉陵江连战告捷、取得战役胜利的同时，中央红军四渡赤水，突破乌江，经贵州、云南直向川西进军。1935 年 5 月初，中央红军胜利渡过金沙江，接近川西北地区。

在涪江地区的红四方面军，面临两个任务：打破敌人对红四方面军的合围，策应中央红军北上。张国焘召开高级干部会议，提出首先占领北川、茂县、理番、松潘一带地区，背靠西康，做立脚点。大家一致同意。

5 月上旬，红四方面军向西进发，准备首先突破邓锡侯在土门、北川河谷设置的防线，继而占领岷江流域的松潘、茂县、理番、汶川地区。

松潘、理番、茂县一带高山连绵，河谷纵横，地形险要，不少地方是悬崖绝壁，大军无法通过，只有土门、干沟、土地岭有一条小路通向茂县，进入岷江流域。邓锡侯抽调 8 个团约 1.2 万人，扼守土门、干沟的路口，他以为，“有了这些人马，再加上土门易守难攻的天然地势，完全可以负隅固守”。红四方面军总指挥部决定发起土门战役，夺取伏泉山、千佛山、观音梁子，控制北川河谷，然后突破土门要隘，乘势西进。

人物 徐向前

事件 土门总攻

地点 松理茂

☆ 事件背景 ☆

红四方面军开始长征，向西进发，准备占领岷江流域的松潘、茂县、理番、汶川地区，打破敌人的合围，策应中央红军北上。

智取伏泉山 >>>

5 月 4 日，红军包围了伏泉山。伏泉山一带的山大多呈马鞍形和锯齿形，山头之间相隔不远，火力可以互相呼应。敌人依仗有利地形，从山脚到山头层层设防，以密集的炮火封锁，红军硬攻难以奏效。红军决定一部从正面进攻，吸引敌人；另一部迂回到敌人侧后，从敌人以为无法攀登而守备薄弱的一条狭谷绝壁摸上去，出其不意，乘势夺取制高点。

天黑后，红军战士从敌人阵地间的一条狭谷洼地往上摸。这个地方没有路，尽是密密麻麻的灌木林，战士们的脸被荆棘划破了，手被石笋刺伤了，甚至有的滚到山沟里去，但谁也不出声，悄悄地爬起来再往上攀。整整用了四五个小时才爬上山顶，凌晨近3时到达主峰。敌人压根儿没有想到，在他们层层设防的阵地上，半夜三更会有飞兵自天降。惊恐的敌人无心恋战，纷纷丢枪弃炮，四处溃逃，有的跌下悬崖，有的挂在山涧大树上，还有的在睡梦中便被红军的手榴弹、大刀送上了西天。

土门总攻>>>

红军长征史考场

问：红四方面军是从何时开始长征的？

答：强渡嘉陵江战役。

红军控制千佛山、伏泉山一线后，迅疾向西转兵。总指挥徐向前亲率第九、第三十军主力，翻山越岭，直捣土门要塞。红军分左、中、右三路，于5月15日拂晓向土门发起总攻。

战斗从一开始就十分激烈。顷刻间，山谷里枪声、炮声、手榴弹爆炸声和喊杀声交织在一起。两小时后，敌前沿阵地被突破。红军乘胜追歼，红旗所指之处，部队跟着到达，虽有不少同志倒下，但无一人后退。一位营长腿部中弹负伤后，仍不让同志们抬下山，坚持伏在石头上指挥战斗。红军指战员冲向敌群，同敌人展开短兵相接的白刃战。下午4时左右，红军兵分两路，攻取土门。红军当天又占领茂县，通向松理茂的道路打开了。

会合的曙光

"红军耶莫耶莫（好）!" >>>

松潘、理番、茂县地区是川西北汉族和少数民族聚居的区域。这里山高路远，地广人稀，交通闭塞，加上语言不通，与外界交流鲜少。由于自然环境恶劣，农业生产条件落后，当地百姓刀耕火种、靠天吃饭，粮食产量很低。这里的少数民族长期受汉官、军阀的压迫和掠夺，对汉人积恨较深，戒备心重。红四方面军到来之前，邓锡侯部大肆进行反动宣传，诬蔑红军"普烧普杀""共产共妻"，甚至把红军描绘成"青面獠牙""头长八只角""专吃人脑花和娃娃"的可怕形象，更加加重了少数民族百姓对红军的疑惧，不少人弃家出走，遁入山林。

红四方面军必须首先打开这里的革命局面，但要动员当地的百姓十分困难。指战员们细心了解这里的政治经济状况、人口分布、阶级划分、宗教风俗、地形道路等情况，并据此提出适宜当地群众要求的口号和斗争纲领。广大官兵严守纪律，秋毫无犯，热诚帮助百姓背水劈柴，救疾治病，尊重少数民族的宗教信仰和风俗习惯。

红四方面军总医院宣传队来到一个村子，连个人影都没见到，老百姓都逃走了。后来他们发现一位藏族老人有半罐盐，想用银圆买下来，老人抱着瓦罐不肯卖。战士们就帮助其整理家园，一家一户地挑水扫地，一直

人物 韩东山

事件 攻克懋功

地点 四川

☆ 事件背景 ☆

红四方面军占领松潘、理番、茂县地区，中央红军也已进入川康边，两军即将会合。红四方面军各部队做好充分的准备，迎接兄弟部队。

忙到天黑。第二天，几个老乡悄悄回村来探虚实。他们发现红军不但没有拿他们的一针一线，还把村子打扫得干干净净，便消除了疑虑，把山上的群众陆续叫了回来。那位藏族老大爷找到宣传队，硬要把半瓦罐盐送给战士，还连声说：“红军耶莫耶莫（好）！”

“精诚所至，金石为开”。红军官兵的真诚，终于感动了少数民族百姓。各县、区、村的人民政府相继建立，吸收了一批藏民积极分子当家做主，有些地方还建立了党、团支部。党和红军的影响，在藏族人民中日益扩展开来。1935 年 5 月 30 日，宣告成立中华苏维埃共和国西北联邦政府，张国焘任主席。西北联邦政府下设少数民族委员会，周纯全任委员长。

迎接中央红军 >>>

这时，长征中的中央红军已经进入川康边，正在经会理、冕宁向北进军。两军会合，已经在望。迎接中央红军，成为红四方面军的又一当务之急。为此，红四方面军总部在茂县开会，要求全军各部队层层发动，大力筹集和捐献慰劳品，做好两军会师的思想准备和物质准备。

红四方面军全军上下欢欣鼓舞，群情高昂，“迎接中央红军北上”，各部队纷纷展开竞赛，做好充分的准备，迎接中央红军。红军官兵走

红军长征中走过的岷江栈道

家串户，动员群众，筹集粮食、羊毛、羊皮、牛皮、盐巴、茶叶等。在一些重要地点，红四方面军总经理部还设了粮站，专门蓄积粮食，有的粮站存粮达100万公斤以上。战士们熬盐巴，打草鞋，学会剪皮衣服、撕羊毛、捻毛线，制作了很多毛衣、毛背心、毛袜子。徐向前深情地回忆道："大家制作的每件慰问品，都渗透着对一方面军的兄弟情谊。从前线到后方，从总部机关到连队，从地方政府到人民群众，处处在为迎接中央红军忙碌，气氛热烈而紧张，十分感人。"

红四方面军在发动群众、筹粮备草的同时，派先头部队西进懋功地区，扫清这一带的敌人，迎接中央红军。第二十五师师长韩东山接到徐向前总指挥的紧急通知，命令他们立刻做好战斗准备，从汶川出发，以急行军的速度，向懋功挺进，为中央红军打开通道。韩东山向全师传达了徐向前总指挥的指示后，全师沸腾了，战士们奔走相告，很多连队当晚举办了文艺晚会，战士们跳呀唱呀，好像在庆祝盛大节日。

进攻懋功，扫平道路 >>>

对两支日渐接近的红军主力，蒋介石极力阻止其会合，他命令加强泸定、康定、雅江的防备，各县实施坚壁清野计划，构筑碉堡线。

红军长征史考场

问：红四方面军在川西北地区的当务之急是什么？

答：迎接中央红军。

红二十五师在向懋功进军的沿途，同企图阻截红军会合的敌人打了大大小小20多场仗。他们并不恋战，只是打退敌军进攻，继续赶路。6月6日，他们到达懋功东北的抚边镇，同邓锡侯第二十八军一部遭遇，经过一场激战，攻占了抚边。6月8日，红军进逼懋功。这里南靠群山，北临大河。红军战士在敌人密集的炮火下，搭设浮桥，冲过大河，攻克了懋功，歼灭了700多敌人。

第二十五师继续向夹金山进发，一方面警戒灌县方向的敌军，一方面寻找中央红军。与此同时，李先念、何畏率第三十军第八十八师和第九军第二十七师一部，也奉总指挥徐向前的命令，西渡岷江，经懋功南下宝兴、芦山，迎接中央红军。他们日夜兼程，翻越崇山峻岭，直向懋功挺进。

饱尝千辛万苦，历经浴血征战，红四方面军同中央红军会合的曙光，已经显露在川西北的巍巍群山之巅。

懋功会师

意外遇亲人>>>

1935年6月12日，中央红军先头部队红一军团第二师第四团翻过终年积雪、空气稀薄、人迹罕至的夹金山，到达懋功县城东南的达维镇。当时红四团只知道红四方面军在岷江边的理番、茂县一带活动，并不知道他们已经来到了夹金山北麓。在达维镇木城沟，红四团遇到一支队伍。红四团政委杨成武正感意外之时，一个侦察员飞奔而来，边跑边喊："红四方面军的同志来了！"与此同时，山下传来了清晰的"我们是四方面军"的喊声。顿时，整个山谷响起了一片欢呼声，震得山谷抖动。红四团的战士们奔拥而下，同四方面军的同志紧紧握手。

红四方面军的先头部队红七十四团是6月9日进占该村的。几天来，战士们风餐露宿、四处寻找，热切地盼望着中央红军的到来。现在，终于迎来了红四团。战友相见，分外喜悦，战士们宁愿自己露宿，腾出房子给红四团住，并把粮食送给红四团的同志。

夜幕降临了，在达维镇上寺庙前的大坪上，红一、红四方面军先头部队召开了会师联欢晚会。阵阵冷风吹打着衣着单薄的红军战士们，但战士们好像忘记了寒冷和疲劳，他们围坐在火堆旁，高声欢唱着，四川民歌，兴国山歌，一支接着一支，掌声、欢呼声此起彼伏。夜深了，熊熊燃烧的火焰映红了夜空，战士们脸上闪烁着欢乐的光辉，久久不愿去睡。

会师不久，红二十五师师长韩东山立即向驻懋功的红三十军政委李先念报告了会师的喜讯，李先念又立即报告了驻在理番的红四方面军总部。同一天，红一方面军第二师师长陈光向红一军团和中革军委报告了先头部队在达维会师以及红四方面军第二十五师占领懋功的消息。在以后的几天里，中共中央、中央红军的领导人和红四方面军的领导人互相致电，热烈祝贺两军胜利会师。

为了庆贺会师，提高红军指战员对会师意义的认识，6月15日，《红星》报发表题为《伟大的会合》的社论，明确指出：中央红军和红四方面军会合“是历史上空前伟大的事件，是决定中国苏维埃运动今后发展的事件”。中央红军各部队遵照中央的指示，进行两军会师意义的教育，从精神上、物质上做好了会师的准备。广大红军指战员对即将到来的会师欢欣鼓舞，信心倍增，加紧练唱《红军两大主力会合歌》，准备征服险恶的夹金山，与红四方面军会合。

兄弟情深 >>>

6月17日，毛泽东、朱德、周恩来、张闻天等中央领导人翻过夹金山，来

资料链接

红军长征中的《红星》报

《红星》报是第二次国内革命战争时期中央革命军事委员会的机关报。创刊于1931年12月11日，由中央革命军事委员会总政治部（1932年1月改称中国工农红军总政治部）出版。在红军长征中，《红星》报是党中央、中革军委的唯一报纸。遵义会议以前，由邓小平负责编辑；遵义会议以后，由陆定一负责编辑。《红星》报从1934年10月至1935年8月，共出版长征专号28期，及时地传达了党中央、中革军委关于红军长征的战略部署与战斗指令，宣传了党的路线、方针和政策，传播了红军与各地人民群众进行革命斗争的胜利消息，是研究红军长征的重要史料。

到达维，受到红四方面军先头部队的热烈欢迎。红二十五师师长韩东山在其鄂豫皖时期的老上级陈赓的介绍下，认识了毛泽东等中央领导人。毛泽东顾不上休息，详细询问了部队的情况，从军队的建制，干部的成分、思想状况，战士们的生活、训练、学习，一直问到师团的历史、党组织的建设、部队的战斗力、军民关系等等。韩东山把所知道的情况一一做了详细汇报，他说：“我们部队的指战员都是来自鄂豫皖和四川的贫苦农民，打仗都非常顽强勇敢，一上战场没有一个怕死的，都是拼命地往前冲。”毛泽东听了高兴地说：“是啊！这就是红军的作风！我们从江西出发那天起，飞机在头上飞，敌人在地上追，我们还是闯过来了！”

当天晚上，在达维镇上寺庙附近的坡地上，举行了两军会师联欢会。会场上搭了一个简易的讲台，四周悬挂着几盏油灯。联欢会由周恩来主持，韩东山代表红四方面军讲了话，接着，毛泽东和朱德先后讲话。

毛泽东在讲话中说：“这次会师具有伟大的历史意义，是红军战斗史上的重要一页……我们红军是打不垮、拖不烂的队伍，是劳动人民求解放的队伍。……战斗中虽然有一些伤亡，但我们却锻炼得更加坚强，扩大了革命影响，沿途撒下了革命种子……今天胜利会师了，我

人物　徐向前、彭德怀

事件　传奇式相会

地点　维古河河畔

☆ 事件背景 ☆

1935年6月，中央红军翻过夹金山，来到懋功县境内，与早已等候在此的红四方面军胜利会师。懋功会师是一个伟大的胜利，具有重大的历史意义。它粉碎了蒋介石妄图阻止中央红军和红四方面军会师、各个消灭红军的计划。两大红军主力会师，壮大了红军的力量，为日后统一在中共中央和中革军委的直接领导下开创新的局面，创造了十分有利的条件。

四川懋功会师桥

们一、四方面军是一家人，要在党中央领导下为彻底消灭蒋介石反动派，赶走日本帝国主义而共同奋斗！”

朱德在讲话中，谈到了各地红军的历史作用、会师的意义和今后的任务。讲话结束后，由军委总政治部文工团演出了简朴、生动的文艺节目。

6月18日，中央领导人离开达维向懋功进发，当天到达懋功，受到热烈欢迎。

懋功会师，中央红军和红四方面军的指战员备受鼓舞，两支兄弟部队互相慰劳。李先念得知聂荣臻骑的骡子在过铁索桥时损失了，就热情地送给聂荣臻一匹骡子，后来，聂荣臻就是靠着这匹骡子的帮助，长征到达陕北。从北川、茂县、理番至懋功的沿途，红四方面军络绎不绝的马队、牦牛队把一批批慰劳品送到中央红军驻地。中央红军也开展了对红四方面军的捐赠活动。

会师后，两支兄弟部队还广泛开展互访、互学。朱德总司令亲自到红四方面军部队驻地，询问红四方面军部队休整的情况，介绍中央红军长征的经历，表达了对红四方面军的关怀。各部队还举行体育比赛，编排节目，教唱歌曲，进行联欢。红四方面军的战士会唱的歌较少，李伯钊就到红三十军的部队教唱，使他们学会了不少新歌。

在懋功会师的日子里，各部队驻地处处是互相学习、互相帮助的动人场面，到处荡漾着《红军两大主力会合歌》的歌声：

两大主力军邛崃山脉胜利会合了，
欢迎四方面军百战百胜英勇兄弟！
团结中国苏维埃运动中的力量，哎！
团结中国苏维埃运动中的力量，
坚持赤化全四川！
万里长征经历八省险阻与山河，
铁的意志血的牺牲换得伟大的会合！
为着奠定赤化全国巩固的基础，哎！
为着奠定赤化全国巩固的基础，
高举红旗往前进！

懋功会师，使两支红军主力走到了一起。两个方面军的指战员，来自山南海北，四面八方，操着不同的乡音，他们素昧平生，萍水相逢，各自的经历不同。但是，战友的情谊，共同的理想，使他们一见如故，胜似亲人，谱写了一曲团结互助、胜利会师的凯歌。正如懋功会师的见证人李先念所说："懋功会师，标志着我们党和我们军队团结胜利的一个新开端，在我党、我军历史上写下了光辉的篇章。"

传奇式的相会 >>>

6月27日，维古河畔，红四方面军总指挥徐向前与红三军团军团长彭德怀的会见，成为两军会师中的一段佳话。

徐向前接到彭德怀发来的一份电报，说他带领红三军团已进抵黑水。徐向前接电后非常高兴，立即发报表示热烈欢迎，并约请彭德怀到维古河的渡口会面。翌日清晨，徐向前和通信排骑马向维古河畔飞驰而去。

维古河是岷江的支流之一，宽二三十米，水深流急，难以徒涉。平时人来人往，仅靠铁索桥。徐向前来到桥头一看，桥索已被破坏，难以渡河。正在这时，河对岸走来一支队伍。走在最前面的一个人身材壮硕，头戴斗笠，在岸边不停地挥手呼喊。徐向前也挥动帽子答话，但因流水声太大，谁也听不清对方在说什么。过了一会儿，对岸的人扔过来一块小石头，徐向前捡起来一看，石头上用小绳拴了一张字条，上面写着：“我带三军团之一部，在此迎接你们！——彭德怀。”徐向前一看十分高兴，马上从笔记本上撕下一页纸，写上：“我是徐向前，感谢你们前来迎接！”写完，也拴在石头上扔过河去。彭德怀得知是徐向前在对岸，高兴地挥动斗笠，亲切致意。

当天，通信部队在河面上拉起了一条电话线，徐向前和彭德怀在电话中互致问候，并约定次日在维古河上游一个叫亦念的地点相见。第二天，徐向前和彭德怀几乎同时到达亦念。不料，此处的铁索桥也遭破坏。正在焦急时，徐向前的随行人员找到了另一种渡河工具——溜索。徐向前坐在竹筐里，滑向对岸。到达对岸后，彭德怀快步迎上，两双手紧紧地握在了一起。彭德怀风趣地说：“徐总指挥，还不知道你有这种本事。”徐向前说：“我这是大姑娘上轿头一回呀！”随后，他们谈了些敌情和沿途见闻，还商谈了部队架桥事宜。这两位威震敌胆的红军高级将领传奇式的会见，成为两军会师中团结一致、争取胜利的一段生动插曲。

红军长征史考场

问：长征中，中央红军和红四方面军在哪里会师？

答：四川懋功县城。

北上南下之争

两河口会议 >>>

根据对当时形势和所处地理环境的分析，中共中央和中革军委决定放弃遵义会议制订的关于在川西北建立根据地的计划，改为北上陕甘边建立根据地。中央的这一战略方针，徐向前是赞同的，但是，张国焘、陈昌浩的态度却不同。在茂县的张国焘、陈昌浩没有同在理番的徐向前商量，就于1935年6月17日复电中央，提出了一个不同的战略方针。

两种战略方针存在着严重的分歧。中共中央和中革军委的领导人认为，确定新的战略方针关系全局，要张国焘“立即赶来懋功，以便商决一切”。这时，毛泽东、张闻天、周恩来、朱德等中央领导人都在懋功。为了统一思想，解决意见分歧，中共中央政治局决定在两河口开会，商决会师后的战略方针。

6月25日，张国焘在骑兵护卫下到达两河口，毛泽东、张闻天、周恩来、朱德等几十人冒雨站在路旁，欢迎他的到来。随后，召开了会师大会，朱德、张国焘先后讲话，气氛热烈而欢欣。晚上，毛泽东等设宴招待张国焘，请他喝了当地出产的青稞酒。

6月26日，中央政治局在两河口召开扩大会议，讨论战略方针问题。周恩来在会上做了目前战略方针的报告，阐述了松理茂一带不利于建立根据地的原因，“松潘、理番、懋功地域虽大，但多是狭路，敌人易封锁，想在这些地方逼死我们，我们也不易反攻”，必须迅速前进，去“川陕甘”；而回头向南是不可能的，可走的只有一条路，就是北向甘肃，用运动战消灭敌人。两个方面军部队要统一指挥，集中于军委。

周恩来报告以后，张国焘发言。他一方面表示同意政治局关于在川陕甘建立根据地的方针，另一方面却鼓吹其南下的主张。

会上，毛泽东、朱德、张闻天、彭德怀、林彪、博古、王稼祥、邓发、刘伯承、聂荣臻、凯丰、刘少奇等也都发了言，一致同意周恩来报告中提出的北上方针，认为当前最关键的是从松潘打出去。

最后，会议全体通过了周恩来报告中提出的战略方针：集中主力向北进攻，在运动战中大量消灭敌人，取得甘肃南部以创造川陕甘苏区根据地；在战役上必须首先集中主力消灭或打击胡宗南军，夺取松潘与控制松潘以北地区。

两河口会议是两大红军主力会师后的一次重要会议。会议正确地分析了两军会师后的形势和川陕甘、川康边的实际情况，确定了两军共同北上，在川陕甘创建根据地的战略方针，为两个方面军的行动指明了方向。

人物 张国焘

事件 两河口会议

地点 懋功

☆ 事件背景 ☆

1935 年，中央红军和红四方面军在懋功会师，总兵力达 10 余万人。四川军阀屡遭重创，减员较大，士气颓丧；川陕甘地区的国民党军队派系庞杂，内部矛盾重重。根据当时形势和所处地理环境，中共中央和中革军委决定集中力量向东、向北发展，在川陕甘建立根据地。

召开两河口会议的地方

张国焘个人野心膨胀 >>>

松潘是四川西北部的重要城镇，控制着由四川北出甘南的交通要道。红军占领这个地区，可以避免西绕茫茫草地，直出甘南。这时，国民党军胡宗南部仍分散在松潘、平武、文县地区，尚未集中，碉堡也未筑成，且缺乏粮食。红军如果集中力量向东突进，攻占松潘，将会迅速打通进入甘南的道路。这对于红军主力北上，创建新的根据地，是十分有利的。

然而，这种有利的形势，却因张国焘日益膨胀起来的争权野心和坚持其南下主张，被蒙上了一层浓重的阴影。在两河口会议上，张国焘虽然同意了中共中央提出的北上战略方针，但在实际上他还是惧怕敌人，想避开敌人主力，南下四川、西康。当各路红军开始行动时，张国焘又借口所谓“统一指挥”和“组织问题”没有解决，延宕红军的北上行动。

还在两河口大会时，张国焘就向周恩来询问中央红军的实力。周恩来坦率地告诉他，遵义会议时有3万多人，现在可能不到了。张国焘一听，脸色就变了。他自恃红四方面军有8万多人，比中央红军多得多，个人野心进一步膨胀起来，想攫取更大的权力，取代毛泽东等人的领导地位。

为了实现争权野心，张国焘暗中进行了一些活动。红一军团和红三军团是中央红军的两大主力，张国焘首先把手伸向了这两个军团。在两河口会议第二天，张国焘请聂荣臻和彭德怀两人去吃饭，还送给彭德怀牛肉、大米和几百块银圆。

聂荣臻和彭德怀都没有被张国焘拉动，张国焘的幕后活动没有奏效，他便迫不及待地公开向中央一再要求改组中革军委和红军总司令部。他还派人找中央红军的同志了解会理会议、遵义会议的情况，实际上是搜集攻击中央的材料，在公开场合和私下谈话中，散布“中央政治路线有问题”“一方面军的损失和减员应由中央负责”“遵义会议是不合法的”“军事指挥不统一”等，进行挑拨和煽动。

为了红军的团结，7 月 18 日，中共中央任命张国焘为红军总政治委员。7 月 21 日，中央政治局在芦花（今黑水）召开会议，批评张国焘的错误。会后，张国焘率红四方面军北上毛儿盖集中。由于张国焘的拖延，原定松潘战役计划不能实现，红军不得不改道经草地北上。

毛儿盖会议 >>>

7 月中旬，蒋介石在成都召开师以上将领参加的军事会议。蒋介石在会上说，据情报，红军先头部队已抵毛儿盖。他判断红军主力可能向西北移动，但松潘西北是草地不能行动，其突围路线可能是两条：一条是从毛儿盖、松潘经腊子口出甘南；一条是从

重要人物介绍

张国焘（1897—1979），江西萍乡人。1921 年参加中国共产党第一次全国代表大会。曾被选为中共中央委员、政治局委员、政治局常务委员。1931 年任中共鄂豫皖中央分局书记、中华苏维埃共和国临时中央政府副主席等职。1935 年 6 月红军第一、第四方面军在四川懋功地区会师后任红军总政治委员。他反对中央关于红军北上的决定，进行分裂党和红军的活动，另立中央。1936 年 6 月被迫取消第二中央，随后与红军第二、第四方面军一起北上，12 月到达陕北。1937 年 9 月起，任陕甘宁边区政府副主席、代主席。1938 年 4 月，他乘祭黄帝陵之机逃出陕甘宁边区，经西安到武汉，投入国民党特务集团，成为中国革命的叛徒，随即被开除出党。1979 年死于加拿大。

理番出平武、青川、碧口，沿阴平故道再出文县、武都。根据上述判断，蒋介石调整各部的位置，对围堵红军北上进行了重新部署，紧缩对红军的包围，企图将红军围困和消灭于岷江以西、懋功以北地区。

针对这种形势，8月3日，红军总部制订了《夏洮战役计划》，提出“攻占阿坝，迅速北进夏河流域，突击敌包围线之右侧背，向东压迫敌人，以期于洮河流域消灭遭遇之蒋敌主力”。同时决定把红一、红四方面军等混合编成右路军和左路军等。部队开始做北上准备，派人侦察行进道路，但是，张国焘又节外生枝，要求中央召开政治局会议，解决“政治路线”问题。毛泽东、张闻天等分别找张国焘、陈昌浩做工作，了解到张国焘要把红四方面军的干部尽可能多地提到中央委员会和中央政治局的意图。

8月4日至6日，中央政治局在毛儿盖十八寨之一的沙窝寨召开扩大会议。会议首先强调了红一、红四方面军团结的重要性。张国焘在会上继续对中央确定的建立川陕甘根据地的方针提出反对意见，张国焘的发言受到与会者的批评。

张闻天代表中央政治局提出预先经过磋商的名单，增加红四方面军的徐向前、陈昌浩、周纯全为中央委员，何畏、李先念、傅钟为中央候补委员；陈昌浩、周纯全进政治局。讨论中张国焘先后两次发言要求多提几个人。经过讨论，会议坚持不增加人数。

沙窝会议后，张国焘未达到全部目的，还受到批评，脸色阴沉，不愿说话。陈昌浩也向徐向前发泄不满，说中央听不进张国焘的意见，会上吵得很凶。徐向前说：“这些事情我管不了，现在的问题是部队在这里没有粮食吃，吃黄麻吃得嘴都肿了，我们不能待在这里挨饿，得赶快走。等找到有粮吃的地方，你们再争吵去！”

张国焘带着满腹的不高兴回到毛儿盖后，立即召开军以上干部会议，再次提出要西出阿坝，占领青海、甘肃边远地区，而不是经阿坝北进东出；他甚至还要抽兵南下，出击抚边、理番。

8月20日，中央政治局在毛儿盖再次召开会议，着重讨论红军的行动方向问题。针对张国焘要红军主力西进的主张，明确指出：“政治局认为在目前我们的主力西渡黄河，深入青宁新僻地，是不适当的，是极不利的。”毛儿盖会议是一次重要的会议，它变右路军为北进主力，具有重大的历史意义。后来的历史发展证明了这一改变的正确。

从懋功会师到毛儿盖会议的3个多月时间里，中共中央和张国焘之间展开了反反复复的北上与南下之争。

红军长征史考场

问：张国焘为什么反对北上？

答：个人野心膨胀。

召开毛儿盖会议的地方

过草地

极其险恶的环境 >>>

川西北的松潘草地，位于青藏高原与四川盆地的连接地段，纵横几百公里，面积约 1.5 万平方公里，海拔在三四千米以上。远远望去，像一片灰绿色的海洋，茫茫无际。里面河道迂回曲折，支汊横生，水流迟缓，形成大片的沼泽。盘根错节的水草结成片片草甸，草甸之下，积水淤黑，泥泞不堪，浅处齐膝，深处没顶。人畜在草地上行走，稍有不慎，就会陷入泥潭，难以自拔，甚至遭灭顶之灾。草地水质恶劣，根本无法饮用，皮肤如刺破泡水后立即红肿溃烂。草地的气候也极为恶劣，年平均气温在零度以下，昼夜温差很大，雨雪风雹来去无常，变幻莫测。这种恶劣的自然条件，使得这块草地人迹罕至。

各方面的准备工作 >>>

红军对征服草地的准备工作极为重视。筹集粮食和御寒衣物是准备工作的重要一环。按照统一部署，各部队上上下下，全面投入筹粮工作，设在各地的筹粮委员会也筹集到大量粮食，仅设在芦花的筹粮委员会就完成了 30 万公斤的筹粮任务。各地的革命政权也发动群众，大力支援部队。此外，各部队还组织有经验的同志挑出无毒可食的野菜，积累草地就地取食的经验；同时，还尽量减少坐骑，宰杀马匹、牦牛后做成肉干，以备食用。

各部队加强军事训练，做好军事上的准备，主要进行了打骑兵的战术训练。前敌总指挥部参谋长叶剑英亲自到红三十军，为部队详细讲解骑兵的特点和战术、步兵与骑兵作战的战术原则。此外，各部队还四处寻找既熟悉路径又懂得汉语的向导。

人物 长征“四老”

事件 捡毛毯

地点 松潘草地

青草鲜花织成的魔毯 >>>

8月的草地，郁郁葱葱，繁花似锦，但在这绿草和鲜花之下，却处处隐藏着大自然的邪恶和死神的狞笑，“一望无际的草地是一幅鲜花织成的魔毯”。

在草地的有些地段，连续几十里水深没膝。一个战士陷进泥潭，身旁的战士急忙伸手去拉，由于用力过猛，自己也陷了进去；其余的战士赶忙解下绑腿带，将带头抛给陷进泥潭的战友，让他们缠在腰间，才把他们逐个拉上来。更糟的情况是，有时一个战士陷进泥潭，还来不及抢救，就已没顶，被污泥所吞噬了。

茫茫草地中，除偶尔出现零星的灌木丛外，连一株树木也见不到。红军战士们缺乏参照物，常常难以辨别方向，以至于有时艰难地行进了半天，才发觉仍旧回到了原地。

饥饿也时时困扰着疲惫不堪的红军战士，

☆ 事件背景 ☆

中共中央政治局决定在川陕甘创建根据地，这就要求两军共同北上，穿越环境极其险恶的松潘草地。在极端艰难困苦面前，红军指战员以鲜血和生命，在亘古荒原上奏响了团结奋斗、人定胜天的壮丽凯歌，谱写了不怕困难、视死如归的慷慨悲歌，写下了“革命理想高于天”的不朽篇章。

成为草地行军中最大的威胁。进入草地前，各部队虽然开展了筹粮工作，但在川西北的贫瘠之地，难以达到每人备粮5至7.5公斤的要求，有的部队甚至只筹到两天的干粮。进入草地后，战士们身上背的一小袋青稞麦粒或青稞麦粉就成了他们的第二生命。麦粒一颗颗地数着吃，麦粉一小把一小把地省着吃，麦粉被雨水淋湿后，便成了黏疙瘩，更是难以下咽。尽管红军战士们视粮食如生命，尽量节省，但由于准备不足，又无法补充，行程未及一半，有的部队即告断粮。为了维持生存，战士们不得不在草地里寻找野菜来充饥，有的战士因误食有毒的野菜而牺牲了生命。当可食的野菜吃完后，便不得不宰杀坐骑或其他牲口；当牲口不能再宰杀了，战士们只好煮食自己身上穿用的皮带、皮鞋等，甚至只是烧一点开水充饥。红军战士们一面忍饥挨饿，一面还要艰难地在草地上跋涉，不少战士走着走着，突然倒下，再也起不来了。

高原的寒冷，侵袭着衣衫褴褛的红军战士们。草地的8月，本是最暖和的季节，白天最高气温可达30摄氏度，但一到夜间，气温骤然降至零摄氏度左右。红军战士们内无果腹之食、外无御寒之衣，饥寒交迫，有的甚至赤着脚。经过一天的行军，到了宿营地，没有避寒之处，战士们只能找一块比较干的地方，几个人背靠背地互相用体温来取暖。强劲的高原风裹着雪花，寒风刺骨。红一团的一个班，在大雨中露宿了一夜，第二天吃早饭时，连长见这个班的战士没有来，走过去一看，已全部停止了呼吸。

残酷无情的草地，不知夺去了多少红军战士的生命。仅据红一军的统计，牺牲者和掉队者就有500多人。但是英勇的红军战士们并没有被困难和牺牲所吓倒，默默地掩埋好战友的尸体，义无反顾地向前行进。

革命理想高于天 >>>

在艰苦的草地行军中，无论干部战士，无论年老年少，无论是男是女，无论有着何种阅历，都以坚忍不拔的毅力、团结互助的友爱和乐观主义的精神，同困难做着顽强的搏斗。

红三军（此红三军为红一方面军第三军团于1935年7月21日奉命改称）某连的炊事班共有9个人。进入草地后，为使全连同志有热水喝、有热水烫脚，炊事员轮流挑着那口沉重的铜锅。一个炊事员倒在锅旁，第二个炊事员含泪挑起锅，继续走下去。一个接着一个，炊事班的同志全部牺牲了。

战士谢益先在刚进草地时，碰到了一个面黄肌瘦的妇女带着两个忍受着饥饿折磨的孩子，就把自己仅有的一袋干粮悄悄地留了下来。在以后的几天里，吃饭时，他就去找野菜，遇到没有野菜的地方，就喝点凉水充饥。终于有一天，他支持不住了，倒了下去。临终前，他还喃喃地说："那两个孩子不知怎么样了？"

每当夜晚来临，到达宿营地后，战士们总要点起篝火，驱赶行军的疲劳和寒冷。战士们有的唱歌，有的讲故事，有的在吟诵着自己编的顺口溜和诗歌，好像忘记了疲劳和饥寒。簇簇篝火，映红了夜空，映红了红军战士兴奋的脸庞；阵阵歌声，流淌着战斗的音符，冲破了长夜，汇成了一曲曲雄壮的大合唱，震撼着战士们的心灵，鼓舞着战士们的斗志。

素有党内"四老"之称的林伯渠、董必武、徐特立、谢觉哉等老战士，也用自己的行动，鼓舞着年轻的红军战士们。年近60岁的徐特立把马送给红军大学生病的学员驮行李，自己徒步行军。谢觉哉正患感冒，脚也肿了，还拄着拐棍，坚持步行。高度近视的林伯渠担负着红军供给的工作，他总是左手提一盏马灯、右手拄着拐棍，跑前跑后，忙个不停。谢觉哉为减轻负担，扔掉了心爱的毛毯，董必武捡到后，背在身上继续赶路，到了宿营地，

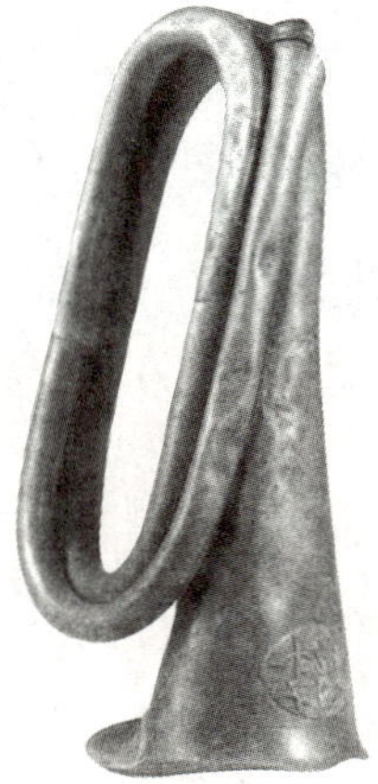

红军使用的军号

红军走过的水草地

把毛毯还给了谢老。谢老深受感动，到延安后，将这条毛毯送给董老作为纪念。

红军女战士也和男同志一样，笑迎困难，勇往直前。蔡畅经常给战士们讲故事，唱歌，鼓舞士气。一次等待过河时，战士们看见蔡畅，高兴地喊叫起来，欢迎蔡大姐唱歌，蔡畅笑着唱起了激昂的《马赛曲》，歌声坚定了战士们必胜的信念。因患肺结核而吐血的邓颖超、身存多块弹片的贺子珍，也拖着伤病之躯踏进了茫茫草地，只要身体稍有好转，她们就从担架上下来，坚持步行。

经过六七天的行军，右路军终于跨越了“魔毯”，先后走出了草地，到达班佑。

红军长征史考场

问：长征途中“青草鲜花织成的魔毯”指的是什么？

答：川西北的松潘草地。

中共中央先行北上

张国焘坚持南下 >>>

中共中央机关随右路军行动。过草地之后，一面休整，一面等待左路军共同北上。这时，甘肃南部广大地区，敌人兵力空虚，如果左路军能够执行中央指示，迅速向东与右路军靠拢，集中全力向东北开进，将会迅速开创一个新的局面。北上的通路已经打开，有利的形势出现在面前，但是，严重的党内斗争却又爆发了。

还在右路军进入草地的同时，左路军先头部队于1935年8月21日占领了阿坝。但张国焘到达阿坝后，却坚持左路军以阿坝为后方，出夏河、洮河地区，左右两路分兵北进的主张，按兵不动。

为催促张国焘迅速北进，向右路军靠拢，中央多次致电张国焘，向他通报形势，要求他迅速北上和右路军会合。徐向前和陈昌浩也认为左右两路军集中兵力出甘南是上策，发电报给朱德、张国焘，陈说利害。张国焘这才开始令左路军行动。8月27日开始，左路军各部陆续向班佑开进，与右路军靠拢。

此时，敌人在文县、武都、西固、岷州一线兵力不多，碉堡尚未筑成，是红军冲出包围的好时机。徐向前、陈昌浩、毛泽东致电朱德、张国焘，指出：目前情况极有利于向前发展，提出右路军以主力向前推进，待左路

岷山栈道

人物 叶剑英

事件 紧急会议

地点 阿西

☆ 事件背景 ☆

张国焘个人野心膨胀，他不服从中央关于两军共同北上的战略方针，执意要部队南下。中共中央决定带领红一方面军单独先行北上。

军到达，即以两个支队分别向东南佯动，而集中主力向东北武都、西固、岷州间打出去。然而，这一重要的计划，却又遭到了张国焘的抵制和破坏。他在率左路军东进到葛曲河后，很快变卦，找出许多牵强的理由，再次主张南下。北上与南下之争，成为牵动全局部署和有关红军前途、命运的斗争焦点。

中共中央和前敌总指挥部领导人面对张国焘突如其来的变化，非常焦虑。为不失良机，中共中央一方面部署早日北进，一方面也在反复讨论如何使张国焘放弃其错误主张，转而北上。毛泽东、张闻天、周恩来等几乎天天开会研究，并多次同陈昌浩谈话，希望能找出妥善的解决办法。徐向前和陈昌浩也多次商量，认为既然北进是毛儿盖会议政治局讨论决定的方针，且右路军又打开了北进通道，无论如何都不应变更原决定。他们发电报劝说张国焘执行中央的决定，张国焘接电报后，仍坚持南下主张，并开始调动部队。

面对日益严重的局面，9 月 8 日晚，中共中央领导人张闻天、毛泽东、博古、王稼祥在周恩来的住处召开非正式会议，通知徐向前、陈昌浩参加。当晚 10 时，以与会 7 人的名义致电张国焘，陈述利害，催促他北上。

与此同时，张国焘以朱德、张国焘的名义

致电徐向前、陈昌浩，令“右路军准备南下”。这封电报，标志着中共中央的北上方针和张国焘的南下方针之争，达到了针锋相对的明朗化地步。接到这封电报后，陈昌浩改变了态度，同意南下。徐向前不愿把红四方面军的部队分开，也只好表示南下。

当时张国焘违背中共中央战略方针的指示和电报，大都是以朱德、张国焘的名义联署的。中共中央在1936年7月14日致共产国际书记处的报告中指出：“朱德同志过去与中央完全一致，分离以来受国焘挟制，已没有单独发表意见的自由，但我们相信基本上也是不会赞助国焘的。”朱德在1960年11月9日的谈话中也指出：“到阿坝时，张就变了，不要北上，要全部南下，并发电报要把北上的队伍调回南下，我不同意，反对他，没有签字。”

红一方面军单独北进 >>>

对于中共中央的一再电示和劝告，张国焘竟置若罔闻，一意孤行。9月9日，他致电陈昌浩，令其率右路军南下。毛泽东、张闻天、博古等紧急磋商，认为张国焘有分裂和危害中央的企图。当晚，毛泽东到徐向前的住处，站在院子里问：“向前同志，你的意见怎么样？”徐向前回答说：“两军既然已经会合，就不宜再分开，四方面军如分成两半恐怕不好。”接着，毛泽东、张闻天、博古3人赶到红三军驻地阿西，与在此养病的周恩来、王稼祥举行紧急会议，决定连夜率红三军和军委纵队先行北上，并通知在俄界的林彪、

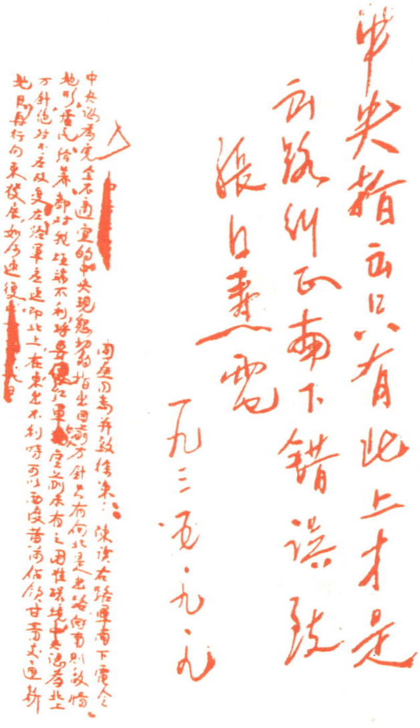

中共中央关于北上方针绝对不应改变，左路军应速即北上致张国焘电（1935年9月9日）

聂荣臻，行动方针有变，要红一军在原地待命。随后，进行了秘密准备。

9月10日凌晨，中共中央率红三军和红军大学离开巴西、阿西等地，向俄界进发。同时，叶剑英也以“打粮准备南下”的名义,带走了军委纵队，并带走了一份十万分之一的甘肃省地图。

当天早晨，徐向前和陈昌浩得知中央率红一方面军部队单独北进的消息，大吃一惊。有人不明真相，打电话来请示要不要武力阻拦。徐向前说：“哪有红军打红军的道理！叫他们听指挥,无论如何不能打！”陈昌浩同意了。

中共中央率红三军等部于9月10日当天到达拉界。当天，中央政治局致电徐向前、陈昌浩，指令：“……为不失时机地实现自己的战略计划，中央已令一方面军向罗达拉界前进，四、三十军归你们指挥，应于日内尾一、三军后前进……”

徐向前、陈昌浩接到该指令后，没有北上。陈昌浩的态度很坚决，指责中央是“右倾机会主义”“逃跑主义”，决心南下。徐向前也决定和红四方面军部队在一起。

同一天，中共中央还发布《为执行北上方针告同志书》，指出：“南下是草地、雪山、老林；南下人口稀少、粮食缺乏；南下是少数民族的地区，红军只有减员，没有补充。敌人在那里的堡垒线已经完成，我们无法突破。……南下只能是挨饿挨冻，白白地牺牲生命，对革命没有一点利益。……中央反对南下，主张北上……创造川陕甘新苏区去！”

9月11日，中共中央率红三军、

召开俄界会议的地方——迭部县俄界

军委纵队等部继续北进，于当晚陆续到达甘南的俄界，与先期到达的红一军会合。当天，中共中央再次致电张国焘，令其立即率左路军北上。

张国焘再次拒绝了中央的命令，他致电指责中央。他还致电林彪、聂荣臻、彭德怀、李富春，诱令红一、红三军南下。这样，张国焘在反对中央北上战略方针、分裂党和红军的道路上越走越远了。

9 月 12 日，中央政治局在俄界召开扩大会议，做出《关于张国焘同志的错误的决定》并决定红一、红三军和军委纵队编为中国工农红军陕甘支队。

9 月 14 日，中共中央在北上途中再次致电张国焘，严肃指出他的错误的同时，希望他悬崖勒马、幡然悔悟。但是，张国焘再一次拒绝了中央的劝告和挽救，继续顽固地坚持其南下的错误主张，率左路军和右路军的红四、红三十军南下了。毛泽东多次说过，南下是绝路。后来的事实，完全证明了这一判断的正确性。

红军长征史考场

问：长征中，中共中央与张国焘的分歧焦点是什么？

答：是北上还是南下。

红二十五军的长征
与西北根据地的发展

实行战略转移

转战鄂豫皖 >>>

1932 年 10 月红四方面军主力撤离鄂豫皖根据地后，中共鄂豫皖省委将留在根据地的红军部队集中起来，组建了红二十五军，全军约 7000 人。

重建后的红二十五军，立即成为国民党军队“围剿”的重点。蒋介石连续不断地向鄂豫皖根据地发动大规模的划区“清剿”和“围剿”，红二十五军在战斗中不断发展壮大，曾一度扩大到 1.2 万余人，根据地也有所恢复。但是，1933 年 5 月以后，由于错误地估计当时的敌我形势，盲目地执行“左”倾冒险主义的军事战略方针，红二十五军在反“围剿”斗争中接连失利。到 10 月份，全军只剩下 1000 余人。这时的鄂豫皖根据地也受到严重摧残，党政组织几乎全部被破坏，党员只剩下 200 多人。

蒋介石任命张学良为“豫鄂皖三省剿匪副总司令”，准备将东北军从华北调到鄂豫皖地区。省委决定乘东北军布防尚未就绪之机，红二十五军开赴皖西北，同徐海东领导的红二十八军会合，集中力量，以游击战方式，打击敌人，恢复和发展苏区。1934 年 4 月，两军合编为红二十五军，军长徐海东，政治委员吴焕先，全军 3000 余人。

花山寨会议 >>>

敌人的“围剿”部署基本就绪，

鄂豫皖地区总的斗争形势异常严峻。因此，红二十五军是继续坚持鄂豫皖地区的斗争，还是实行战略转移，亟待省委做出决定。

正在这时，红一方面军第二十二师师长程子华来到鄂东北道委驻地卡房。他是受中革军委副主席周恩来的派遣到此地工作的。程子华和省委领导同志经常在一起交谈，互相介绍情况，研究行动方针问题。交谈中，大家的看法渐趋一致：到远处去，到伏牛山去。不久，他们又从国民党的报纸上，发现中央红军长征到达湖南的消息，这就更进一步坚定了到远处去创建根据地的想法。

11 月 11 日，省委在花山寨举行会议，讨论红二十五军实行战略转移的问题。会议整整开了一夜，经过充分讨论，决定省委立即率领红二十五军实行战略转移，对外称“中国工农红军北上抗日第二先遣队”，以平汉铁路以西鄂豫边界的桐柏山区或豫西的伏牛山区为转移目标。徐海东军长得知程子华在红一方面军当过师长，又

河南省新县闵家祠堂。长征前，红二十五军军部曾驻此。墙上至今仍留着红军写的标语

在黄埔军校武汉分校学习过，参加过广州起义，便主动提出让程子华担任军长，自己改任副军长。省委决定由程子华任红二十五军军长，徐海东改任副军长，吴焕先仍任政治委员，整编后的红二十五军共2980余人。会议还决定留一部分武装重新组建红二十八军，坚持鄂豫皖根据地的武装斗争。花山寨会议，对红二十五军以后的行动做出了果断的决定。11月16日，红二十五军告别战斗多年的大别山区，向西踏上了战略转移的征途。

人物　徐海东

事件　花山寨会议

地点　河南光山县

进抵伏牛山 >>>

11月23日晚，部队准备在离湖阳镇15公里的地方宿营，突然得知在湖阳镇以北不远有敌军驻扎。红二十五军必须立即离开此地。向什么地方行动呢？省委从20世纪30年代初出版的袖珍地图上，发现驻马店西北有一块山地，当即决定连夜从泌阳城东经马谷田、刘庄铺、贾楼等地，尽快进入这块山地。

☆ 事件背景 ☆

留在鄂豫皖根据地的红二十五军，面临严峻的斗争形势，决定对外宣称“中国工农红军北上抗日第二先遣队”，以平汉铁路以西鄂豫边界的桐柏山区或豫西的伏牛山区为目标，实行战略转移。

从泌阳城东向北，有许多地主豪绅们盘踞的围寨，都是高墙耸立、栅垒重叠，都拥有相当数量的武装，小寨子有几十、几百条枪，大的有二三千条枪，轻重机枪和迫击炮都有。红二十五军在疾进中，不时遭到围寨武装势力的骚扰阻拦，行动十分缓慢。为了争取时间迅速

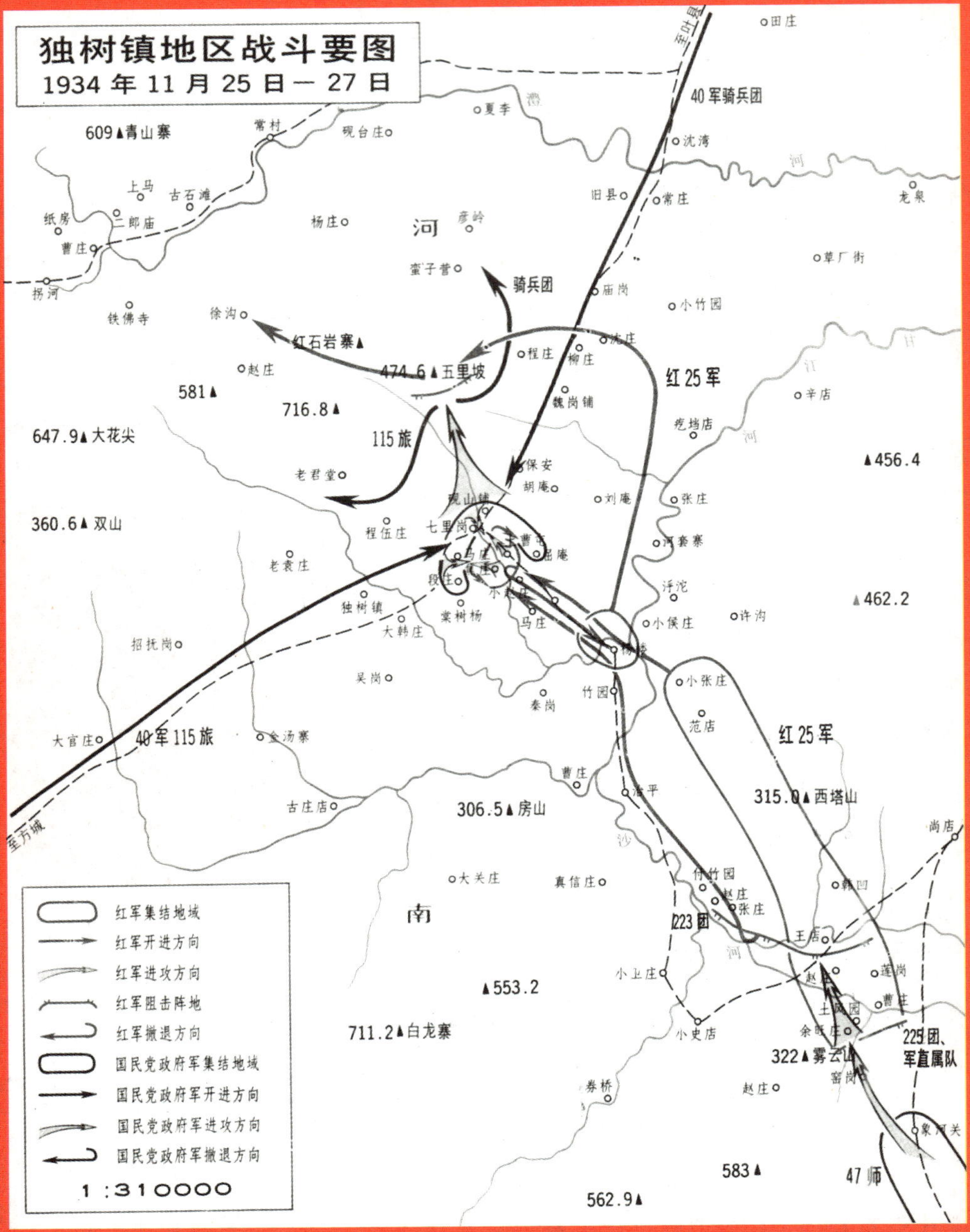

独树镇地区战斗要图，1934年11月25日—27日

北上，军领导决定，举起北上抗日的旗帜，利用地方党组织和开明士绅的关系与围寨头目谈判，说明红军只是借道通过，北上抗日，绝不侵犯他们的寨子。

由于事先做了工作，加上红军部队纪律严明，秋毫无犯，大小寨子都顺利通过了。有的寨门大开，城墙上架着机枪、土炮，红军就在寨边通过，有的还把饭菜、烟茶送出寨门招待红军。

11 月 25 日，红二十五军到达象河关西北的王店、土风园、小张庄一带。当晚，敌“追剿纵队”第二支队跟踪而至。这天，恰遇寒流到来，气温骤降，凛冽的北风呼啸着，风雪交加，一片混沌迷茫。凛冽的北风刮来，红军战士裸露的手和脸像刀割般的钻心疼，冰冷透湿的单军装紧紧贴在身上，冻得浑身哆嗦，牙齿打战。最苦的是那些被烂泥粘掉草鞋的同志，冻成紫红色的赤脚上，被冰碴、石块和荆棘划开一道道口子，挂着血迹。饥饿、疲劳、寒冷一齐袭来，战士们咬紧牙关硬撑着，拖着沉重的双腿，艰难地向前移动。大家心里只有一个愿望：坚持下去！

独树镇是豫南平原上一个较大的镇子，从这里向东有三条大道，西去伏牛山只有一条通路。敌人估计红军要从这里通过，已抢先到达，占领有利地形，构筑好工事。下午 1 时，红二十五军前梯队第二二四团进至方城独树镇附近，正准备由七里岗通过许南公路时，突然遭到敌人的猛烈阻击。

红军战士因气候恶劣，能见度低，又无战斗准备，一时陷入被动。加上天气寒冷，战士们的手指被冻僵，一时拉不开枪栓，反击不及，以致被迫后撤。敌人乘机发起冲击，并从两翼实施包围，情况极为险恶。

就在这紧要关头，政治委员吴焕先赶来了。他一面指挥部队就地反击，一面大声喊道：“同志们，就地卧倒，坚决顶住敌人，决不能后退！”战士们立即趴在泥泞的地上，各自利用地形地物，顽强抗击敌人。吴焕先随即又从交通员身上抽出一把大刀，高声呼喊：“同志们，现在是生死存亡的关头，决不能后退！共产党员跟我来！”头也不回地向前冲去。战士们热血沸腾，勇气倍增，端起刺刀，挥舞大刀，冒

红二十五军政治委员吴焕先（左）与副军长徐海东（右）于1935年8月

着敌人密集的火力，奋不顾身地冲上去与敌人展开肉搏。有的刺刀折断了，用枪托砸；有的武器坏了，就抱住敌人扭打。

这时，徐海东率领后梯队第二二三团也跑步赶到。红军向敌人发起进攻，顿时，几十挺机枪、数百支步枪一起怒吼起来，枪声、喊杀声响成一片。

天黑以后，风雪大作，接着转为大雨。军部立即召开会议，研究下一步行动方案。敌军前堵后追，红军腹背受敌，而且又是孤军奋战，如果不迅速脱离这个危险区域，红军就会被迫与数万敌军进行决战，后果将不堪设想。会议决定部队连夜突出重围。

突围开始了。由军领导亲自挑选的六七十名机枪手组成突击队走在前面，随时准备战斗。大部队紧随其后，穿过敌人空隙，绕道急行，越过许南公路。11 月 27 日拂晓，红军进抵伏牛山东麓。

这时，几座山峰朦朦胧胧地映入战士们的眼帘。徐海东边走边同吴焕先开玩笑说：“这下好了，来了三个团的援兵。”吴焕先急忙问：“在哪里？”徐海东指着前面三座大山说：“那不是援兵嘛，一个团、两个团、三个团，进了山我们就有办法了。”吴焕先听了笑起来。29 日，全军进入伏牛山区。

天终于放晴了，一轮红日从东方冉冉升起，全军上下一片欢腾，终于胜利冲出重围，敌人围歼红军的阴谋又一次彻底破产。

红军长征史考场

问：红二十五军是何时开始长征的？

答：1934年11月16日。

创建鄂豫陕根据地

向西挺进 >>>

进入伏牛山区后，省委在部队行进的沿途，经过认真勘察和调查，很快就发现这里不适宜创建根据地。这一带人烟稀少，地域狭窄，粮食和其他物资都很缺乏。反动统治十分严密，盗匪出没无常，凭险据守的围寨很多，群众被圈在里面，红军无法接近，发动群众、开展工作、创建根据地都比较困难。另外，敌第四十军和“追剿纵队”主力又相继追来，红军一时难以立足发展。省委经过研究，决定到陕西南部去开辟根据地。于是，红二十五军又昼夜兼程，向西挺进，创建鄂豫陕根据地。

1934年12月4日，红二十五军发现敌人已在入陕的必经之路五里川、朱阳关、黄沙镇一带构筑工事，显然，红军已不可能从此处入陕。这时，敌“追剿纵队”也跟踪而至，红二十五军已处于前堵后追的境地，情况万分危急。军部当即决定改变入陕路线，另择小路，进入陕南。恰在此时，遇到一个货郎小贩，他认识一条很少有人知道的入陕小道。货郎还告诉军领导人，卢氏城里没有敌人的正规部队，可以从卢氏城南与洛河之间的隘路插过去。

12月5日，红二十五军先派手枪团到朱阳关以东虚张声势，迷惑敌人，主力部队则在货郎的带领下，沿着一条深山峡谷，隐蔽前进，直插卢氏县城。

人物 程子华

事件 庾家河会议

地点 陕西洛南县

☆ 事件背景 ☆

红二十五军继续向西挺进，与敌人多次交战，取得重大胜利，打破了蒋介石的两次“围剿”，初步建立了鄂豫陕根据地。

当晚，得知红军经过，卢氏城里的民团十分惊慌，紧闭城门。红军避开敌人的堵击，直奔豫陕交界的铁锁关（即箭杆岭）。12月8日，红二十五军在豫陕交界处的铁锁关击溃守关民团后，进入陕南。12月9日，红军全歼仓促赶来的陕军，到达洛南县的庾家河。

庾家河会议 >>>

12月10日上午，省委在庾家河召开第十八次常委会议，研究在鄂豫陕边区创建新的根据地问题。这个地区北靠秦岭，南濒汉江，峰峦叠嶂，悬崖陡峭，山势比南方险峻，山里交通条件很差，敌军行动困难，统治力量薄弱，便于红军活动；这里的人民深受封建势力和反动政府的残酷剥削和压迫，苦难深重，反抗强烈；红二十五军到此之前，党和红军已在这一带有广泛的革命影响。大家一致认为应该利用这难得的时机和条件，发动群众，建立革命根据地。

就在大家讨论得热烈的时候，突然从庾家河东北方向传来了枪声，敌第六十师突然从鸡头关方向奔袭而来。省委立即中断会议，进入阵地，指挥战斗。徐海东当即率领第二二三团勇猛冲入敌群，用刺刀、手榴弹，硬是从敌人手里夺回了东山坳口。接着，第二二四团和第二二五团跑步抢占坳口南北两侧的高地，配合

庚家河会议旧址

第二二三团将敌人的进攻打退。激战中，一颗子弹从徐海东的左眼底下穿过，又从颈后飞出，徐海东负重伤。敌第三五五团、第三五七团相继增援上来，再次向红军发起冲击，全线展开了争夺坳口和两侧高地的激烈战斗。一时间，漫山遍野，刀光剑影，杀声震天，步枪、机关枪对射，手榴弹轰鸣。在反复冲杀中，程子华也身负重伤。红军指战员在吴焕先的指挥下，英勇反击，殊死奋战，以刺刀、手榴弹与敌拼杀。第二二四团团长叶光宏，一条腿被敌人打断，仍坚持指挥战斗。该团七连一挺机枪在和敌人对射中，第一名射手倒下去，第二名射手接着打，第二名射手倒下去，第三名射手又接着打起来，终于把敌人的火力压下去了。战斗直至黄昏，红军经过 20 多次反复冲杀，终于将敌人打垮。这次战斗，共毙伤敌人 300 余名，红军

陕西省商县袁家沟口镇。红二十五军曾在这里打过一次漂亮的伏击战

亦伤亡100余名。

庚家河会议虽然由于敌人的进攻而中断，未能进行充分讨论，但仍及时确定了建立新区的方针、任务等重大问题。在这次会议上，中共鄂豫皖省委改为中共鄂豫陕省委，其组成人员不变。此后，红二十五军在中共鄂豫陕省委的领导下，开始了创建鄂豫陕根据地的斗争。

根据地初步形成>>>

当时，陕西省是杨虎城的势力范围，他并非蒋介石的嫡系，与蒋介石矛盾很深。而杨虎城忙于北攻陕北红军，南拒川陕红四方面军，西与蒋介石嫡系朱绍良、胡宗南等钩心斗角，一时无暇集中更多的兵力对付红二十五军。这样，就造成了红二十五军开辟根据地的好时机。

这时，红二十五军军长程子华和副军长徐海东身负重伤，都躺在担架上；省委书记徐宝珊由于重病缠身，也在担架上随军行动。指挥行军打仗、领导开辟新根据地的重任落在了军政委吴焕先的肩上。吴焕先毅然挑起了这副重担，率领红二十五军，按照庚家河会议精神，采取大回旋的军事行动，先南下郧西，继北返洛南，再东到卢氏，又西进蓝田，纵横驰骋。他一方面调查了解这一地区的地形和社会情况，一方面率部以武装斗争为先导，扫除民团武装和反动政权，摧毁国民党在广大农村的统治基础；根据广大群众反抗捐税的迫切要求，提出“抗捐、抗债、抗粮、抗夫、抗丁”的斗争口号，发动群众，扩大共产党和红军的政治影响。1935年1月底，红二十五军在郧西、洵阳、镇安、山阳四县边区创建了第一块革命根据地，红军战士又有了“家”。

此后，红二十五军与敌人多次交战，经过艰苦斗争，取得了重大胜利。入陕5个多月来，全军已发展到3700多人，地方武装发展到2000多人。成立了鄂陕边、豫陕边2个特委和5个县工委，还先后成立了鄂陕边区苏维埃政府和2个县、13个区、40多个乡、300多个村的苏维埃政权。一个拥有人口近50万、耕地面积90多万亩的鄂豫陕根据地初步形成。

打破“围剿”>>>

红二十五军的胜利，震动了蒋介石。1935年4月20日，蒋介石又调集30多个团的兵力，由杨虎城指挥，向红二十五军发动更大规模的“围剿”，并限令在3个月内将红二十五军全部消灭。

5月下旬，省委在郧西地区召开会议,研究反“围剿”的作战方针和计划。军长程子华因伤势较重没有参加会议，他将在中央苏区时，毛泽东运用“诱敌深入、先拖后打”的作战方针和斗争经验及一些战例，在会前做了介绍。会上，徐海东提出了“先疲后打”的作战方针。省委经过充分讨论，决定各游击师就地坚持，发动群众坚壁清野，广泛开展游击战争；红二十五军主力则乘东北军刚到，首先北上，争取歼其一部，然后再采取“诱敌深入，先拖后打”的方针，运动战和游击战相结合，打破敌人的“围剿”。

6月4日夜和5日晨，红二十五军在商洛镇附近与敌遭遇，毙伤敌团长以下200余人，缴获部分武器；然后掉头向东南，14日打下富水关，进占青山街，俘敌170多人。16日，红军急行军65公里，逼近荆紫关。敌人外围警戒分队以为是自己的部队，列队迎接。红军不费一枪一弹就解除了敌人武装，顺利地通过了警戒线，迅速逼近城下。城中守敌发觉，立即关闭城门，向红军开火。红军搭人梯强行登城，占领了该城。

此时，敌军的部署已被红军全部打乱，部队也被拖得相当疲惫，士无斗志，锐气大减。

6月的天气，说变就变。部队在行进中，不是烈日当头，就是暴雨淋身，路途极为艰难。但是，为了调动和拖垮敌人，红军指战员们不怕山高路险,不顾日晒雨淋,渴了喝口山泉水，饿了吃口干粮，靠两条腿，日夜兼程，牵着敌人的鼻子走。

7月1日，敌军追到袁家沟口，红军连夜布置好兵力，等待敌人自投罗网。清晨，大雾弥漫，敌人正在袁家沟口集合，军领导发出攻击命令。冲锋号一响，各种火器突然猛烈射击，敌人顿时乱成一团。红军战士像一把把尖刀插向敌群，同敌人展开白刃格斗。这一仗，毙伤敌 300 余人，俘敌 1400 余人，缴获各种枪械千余支。这是一次极为出色的歼灭战，充分反映出红二十五军这支英勇善战的部队，在战略和战术运用上的成熟和提高。

此战后，红二十五军又以极其突然的行动，北出终南山，横扫蓝田县，前锋直抵西安城南 10 余公里。当地群众奔走相告：“红军出了终南山，一天赶了两个县的大集，老百姓都开眼啦！”

红二十五军这一出敌不意的行动，使省城西安大为震动，城内的敌人惶惶不安，正准备由西安开往天水的东北军第五十一军被迫停止行动。至此，蒋介石企图在 3 个月内消灭红二十五军的计划宣告彻底破产。红二十五军打破了敌人的两次“围剿”，鄂豫陕根据地已粗具规模。

红军长征史考场

问：红二十五军创建了什么根据地？

答：鄂豫陕根据地。

策应中央红军

意外获知情报 >>>

在西安附近的一个区公所，徐海东看到了一张《大公报》，意外地得知了一条消息："共军一、四方面军在川西会师后，继续向北逃窜，先头部队到达松潘……"这条消息对红二十五军来说十分难得，因为自从撤离鄂豫皖根据地之后，由于没有电台，红二十五军与党中央失去了联系，中央红军到了哪里，无法知道。恰在这时，原鄂豫皖省委的老交通员石健民冒着生命危险，通过敌人的重重关卡，找到红二十五军军部，送来了中共中央数月前发出的几份文件和党中央的指示，带来了中央红军与红四方面军已在川西会师并继续北上的确切消息。

当天晚上，代理省委书记吴焕先在长安县丰裕口主持召开了省委紧急会议。会议根据中央文件精神、报纸消息和敌情动态，决定立即率领"二十五军到陕甘苏区会合红二十六军……直接有力地配合红军主力"。

1935年7月16日拂晓，红二十五军踏上了西征北上的道路。这次出征，广大指战员的心情与半年前离开大别山时大不一样。当时是无目标的转移；如今目的明确，配合主力红军北上，与陕甘红军会师。因此，指战员们的心情无比喜悦。

在途中，红二十五军又陆续和敌人打了几仗，缴获了一批文件和报纸，进一步证实红一、红四方面军正在北上，可能很快就会与红二十五军会合。指战员们十分振奋，奔走相告。军领导决定，部队立即进入甘肃境内，威胁敌人后方，配合红一、红四方面军的北上行动。

这时，蒋介石也在窥测着红二十五军的动向，他判断“徐海东股西窜，确有接应川匪威胁我防填侧背之趋势”。杨虎城立即制定追堵红军的方针，进行严密布防，要“于朱、毛、徐股匪未侵入陕甘地境之前，以最大努力，于最短时间，先将徐海东股粉碎而歼灭之，以除后患”。

而此时的红军指战员们却下定决心，“即使我们这3000多人都牺牲了，也要把党中央和一、四方面军迎接过来”。就这样，在敌人多路追击堵截下，红二十五军像一条游龙，活跃在陇南地区，攻克敌城、发动群众、开仓济贫、镇压反动官吏，街头巷尾，到处都张贴着红军的标语、布告，飘扬起红二十五军的战旗。显然，红二十五军的这一战略行动，有力地牵制和吸引了川、陕、甘边界的敌人，在一定时期内减轻了红一、红四方面军的压力，起到了配合红一、红四方面军北上的作用。

人物 吴焕先

事件 过回族区

地点 兴隆镇

☆ 事件背景 ☆

红二十五军打到西安附近，获知中央红军与红四方面军已在川西会师的消息，决定立即北上，到陕甘苏区会合红二十六军。在敌人多路追击堵截下，红二十五军在陇南地区，攻克敌城、发动群众，有力地牵制和吸引了川、陕、甘边界的敌人，在一定时期内减轻了红一、红四方面军的压力，起到了配合红一、红四方面军北上的作用。

决定继续西进 >>>

8月11日，红二十五军来到渭河边上。浑

浊而湍急的渭河水，像一条狂怒的巨蟒，由西向东沿着峡谷奔腾咆哮，把红军阻挡在南面。幸好当时没遇到狂风暴雨，战士们攀着拉在河面上的几条绳索，把武器弹药顶在头上，徒涉而过。

红二十五军渡过渭河后，徐海东和吴焕先开始考虑下一步的行动。吴焕先说："现在要动动脑子，假如接不到中央怎么办？"徐海东说："回陕南，是下策，肯定有尾巴，再过渭水，可能会损失很大……真接不到中央，为保存革命力量，到陕北和刘志丹同志会合。"吴焕先同意徐海东的看法："我们继续西进，接到中央更好，接不到中央，我们再渡河去陕北。"最后，徐海东幽默地说："红一、红四方面军是大会合，我们和刘志丹也来个小会合。"

两位军领导人的决心已定。当日黄昏，部队从秦安县城出发北进。8月14日，逼近静宁县城。至此，横贯陕、甘两省的交通大动脉西兰公路被红二十五军拦腰切断，打乱了敌军围堵红军的部署，配合了红一、红四方面军的行动。

1935年8月，红军二十五军部分人员合影（前排左起：吴焕先、郭述中、徐海东）

顺利通过回族地区 >>>

红二十五军来到静宁县城以北25公里的兴隆镇、单家集（今属宁夏）等地休整3天。兴隆镇一带是回民聚居的地区。广大回族群众深受国民党贪官污吏、地主豪绅的压迫剥削，还受到大汉族主义的歧视；加之这里山大沟深，消息闭塞，经济文化极为落后。由于敌人的反动宣传，回族群众对红军存在着怀疑和恐惧心理，当听到红军要来这里的消息后，村里的青年人、妇女都纷纷逃进深山。

一向重视群众工作的军政委吴焕先，在部队进驻兴隆镇前夕，专门找到几个贫苦群众、地方乡绅、小学教员和货郎小贩，在一起促膝谈心，进行了细致的调查研究工作。他根据所了解到的情况，在部队中进行党的民族政策、群众纪律的教育，要求战士们尊重回族人民的信仰和风俗习惯，要团结和发动回族兄弟共同抗日。按照省委和军领导的要求与规定，许多连队在进入回民地区之前，主动把一些没有吃完的猪肉做了处理。

甘肃省静宁县兴隆镇。1935年8月15日，红二十五军长征途经此地

8月15日，红二十五军进入兴隆镇。红军干部和战士不仅严格遵守纪律，还主动帮助回族群众扫院、担水、干活，宣传红军对待回民的政策，宣传回汉军民团结、共同抗日救国的政治主张，军医院的医护人员还为群众治病。红军以实际行动揭穿了敌人的反动宣传，很快得到群众的热情欢迎和大力支持，躲进深山的回族群众也都陆续回到村里，“红军好”的消息迅速传遍兴隆镇、单家集等附近的回民村镇。许多回民群众积极为红军做事，当地回族妇女看到山顶上的红军哨兵没法做饭，就提着馒头、拎着汤罐，上山送饭。

宁夏回族自治区隆德县城，1935年8月17日，红二十五军攻占该城

为了尽快团结回族上层人士，吴焕先政委亲自召集当地的知名人士和阿訇开座谈会，宣传党的抗日救国主张和红军的政策纪律，讲明红军只稍作停留，不征粮派款，不拉夫抓丁。随后，吴焕先等领导人还拜访清真寺，赠送了匾额和礼品。当地一个回族老人捋着胡子说：“我的胡子都白了，还是头一回见到这样的仁义之师！”清真寺的阿訇也按照民族礼节宴请红二十五军的领导人，还赶着一群染成红色的肥羊送到军部。

由于红军严格地执行党的民族政策和铁的纪律，回族群众深为感动。当红军离开兴隆镇时，全镇男女老少齐集街头，敲锣打鼓，在道路两旁摆设香案、茶桌、果品，依依不舍地为红军送行。还有十几名回族青年高高兴兴地参加了红军。

红军长征史考场

问：红二十五军在陇南军事行动的意义是什么？

答：配合了中央红军北上。

红二十五军到达陕北

两军会师 >>>

离开兴隆镇后，红二十五军与追击之敌多次浴血奋战，军政委吴焕先壮烈牺牲。1935 年 9 月 7 日，红二十五军全军总计 3400 多人到达陕甘交界的豹子川（今属华池）。全体指战员得知将要进入根据地，与日夜盼望的陕甘红军会师，人人兴高采烈，欣喜万分。

徐海东，红二十五军副军长、军长，红十五军团军团长

吴焕先，红二十五军政治委员

人物 刘志丹

事件 两军会师

地点 永坪镇

☆ 事件背景 ☆

红二十五军经过长途跋涉，冲破层层封锁，战胜无数艰难险阻，完成战略大转移，与陕北红军胜利会师，成为先期到达陕北的第一支红军队伍。

9月9日，红二十五军进至保安县(今为志丹县)永宁山，同陕甘根据地党组织取得了联系。中共陕甘边特委、陕甘边军委得悉后，立即报告了中共西北工委。陕甘边苏维埃政府主席习仲勋和陕甘边军委主席刘景范，专程赶来迎接红二十五军。

红二十五军在永宁山稍作休整后，即向延川县永坪镇开进。一路上，人民群众送水送饭，送鞋送袜，到处看见的是欢迎红二十五军的标语，听到的是亲切热烈的口号。红二十五军的战士们更是精神焕发，喜气洋洋，一路行军一路歌，行军速度大大加快。9月15日胜利到达永坪镇。这天，永坪镇附近的红军和群众，一大早就从四面八方涌来，十多里长的道路两旁，整整齐齐地排列着欢迎的人群，翘首盼望着。

9月16日，刘志丹率领陕北红军到达永坪镇，两军胜利会师。9月18日，为庆祝两军胜利会师，在永坪镇举行了盛大的军民联欢大会。左边的河滩上搭了一个大台子，上面横挂着“欢迎红二十五军”的标语。台子顶上插满了红旗。会场当中用石灰画了一条粗粗的白线，左边坐着红二十五军，右边坐着陕北红军。满场都飘荡着红旗，从高处望去，简直是一片旗海。两边的部队都有啦啦队，歌声和笑声，此起彼伏，十分热闹。

1935年9月红二十五军、红二十六军、红二十七军在陕北永坪镇会师，成立红十五军团

会议将要结束时，刘志丹说："红二十五军的同志们带来了很多枪支，现在需要的是有更多的人来背它，谁愿意来背呀？"这一问，台下的群众轰动起来了，特别是年轻人更加热情积极，当场就有许多人参加了红二十五军。

中共西北工委和中共鄂豫陕省委举行联席会议，撤销原西北工委和鄂豫陕省委，组建中共陕甘晋省委。会议还决定红二十五军与红二十六军、红二十七军合编为红十五军团，军团长徐海东，政治委员程子华，副军团长兼参谋长刘志

重要人物介绍

刘志丹，陕西保安人。1925年春加入中国共产党，同年考入黄埔军官学校学习。1928年5月领导渭（南）华（县）起义，任西北工农革命军军委主席。起义失败后，任中共陕北特委军委书记。1932年开始领导创建陕甘苏区和红军，后任西北抗日反帝同盟军副总指挥、总指挥，红二十六军师长，陕甘边临时革命委员会主席、革命军事委员会主席，陕北省苏维埃主席，中共西北工委委员、革命军事委员会主席，前敌总指挥部指挥等职。他是西北红军和陕甘苏区主要创建人之一，深受陕北人民爱戴。为纪念刘志丹烈士，中共中央与陕甘苏区政府于1936年决定，将烈士故乡陕西保安县改名为志丹县。

丹，政治部主任高岗，副主任郭述申。

“为革命立了大功”>>>

红二十五军经过长途跋涉，冲破层层封锁，战胜了无数艰难险阻，胜利地完成了战略大转移，成为先期到达陕北的第一支红军队伍。1936年《共产国际》第七卷第三期刊载的《中国红军第二十五军底远征》一文赞扬道：“中国红军第二十五军的荣誉，犹如一颗新出现的明星，灿烂闪耀，光照四表！”“最堪注意的就是这支队伍差不多没有年逾十八岁的战斗员。……那些在战斗中牺牲者的孤儿，那些在一九三二年随红四方面军远征到四川的红军战斗员的子弟，便在这种恐怖条件下建立起游击队，从游击队变为现在以‘儿童军’著名的红二十五军。”

红军长征史考场

问：最先到达陕北的是哪一支红军队伍？

答：红二十五军。

就是这样一支年轻的红军队伍，在与党中央失去联系的情况下，孤军奋战，英勇顽强，经过整整10个月的艰苦转战，行程近万里，途经4个省，沉重地打击了敌人，创建了鄂豫陕根据地，保存了红军的一支有生力量，并在战略上配合了红一、红四方面军的长征，对红军长征的胜利乃至对中国革命做出了重大的贡献。正如党中央到达陕北后，毛泽东对徐海东、程子华所说：红二十五军“为革命立了大功”。

突破天险腊子口

困难重重 >>>

1935 年 9 月 13 日，红一方面军主力冒着雨雪交加的严寒，从俄界、罗达地区出发，继续北上，向甘南腊子口前进。

从俄界到腊子口，要经过藏族聚居区和原始森林区。由于藏族上层反动分子的造谣和威胁，早在红军到来之前，不少人就藏起粮食，赶着牛羊逃离村庄，躲进山林。红军来到这里，人地两生，语言不通，吃住都遇到极大的困难。为了生存下去，继续前进，红军指战员每天都要花费很多时间，寻找野果、野菜。藏族上层分子还唆使一些不明真相的藏兵和居民，隐藏在栈道和隘路两旁的丛林中，以枪弹、弓弩和石块袭击红军。他们熟悉地形，又是躲在暗处放冷枪，红军很难提防，几乎每天都要失去几十名战士。

原始森林地带也给红军的行军造成很大困难。这里森林茂密，道路崎岖，行军十分困难。9 月 13 日，红三军和军委纵队从俄界到瓦藏寺，仅百十里路，竟然整整走了两天。16 日，路过一片原始森林时，忽然浓云迷茫，暴雨如注，入夜后更是漆黑一团，人马咫尺不能辨认。红军迷失了方向，只好在泥水里一直坐到天亮。

与此同时，敌人也在红军前进的路上加强了堵截的力量。蒋介石还不惜重金，悬赏缉拿毛泽东等红军领导人。红一方面军主力决定乘敌人在甘南兵力比较薄弱，西固到岷县的封锁线尚未筑成之机，乘虚疾进。

小战士毛遂自荐 >>>

9月16日，红军击溃阻敌，逼近要隘腊子口。

腊子口位于甘肃迭部县境，是四川通往甘肃的重要隘口，素有天险之称。这里地形极其险峻，隘口两边是悬崖峭壁，中间是水深流急的腊子河，河上架有一座木桥，要经过腊子口，除了通过这座小桥别无他路。桥头筑有碉堡，可以清楚地看到射口里的枪管。这是进入腊子口的唯一通道，敌人在这里布置了2个营的兵力，从山口往里，直到岷县，纵深配置3个团的兵力，严密封锁红军北上的去路。

天险腊子口

夺取腊子口，是突破敌人封锁，进入甘南的关键性一仗。9月16日，毛泽东与第一军军长林彪、政治委员聂荣臻，联名致电彭德怀："该处是隘路，非消灭该敌不能前进。"并决定以先头部队第一军第四团迅速夺取腊子口，为红军北上打开一条通路。第四团受命后，向腊子口疾进，并连续打垮敌2个营的堵截。下午4时，先头营在腊子口向敌人进攻，但被敌人的机枪火力和下冰雹似的手榴弹挡了回来。

这时，团长王开湘、政委杨成武赶到。他们立即率领全团营、连干部，到前面察看地形，发现敌人有两个弱点：一是敌人的碉堡没有顶盖；二是口子上敌人的兵力集中在正面，凭借沟口天险进行防御，两侧因为都是耸入云霄的高山，敌人设防薄弱，山顶上没有发现敌人。

人物　杨成武

事件　突破天险

地点　甘肃迭部

敌人石堡旁边的一面石壁，从山脚到顶端，有七八十米，几乎呈仰角八九十度，石壁既直又陡，连猴子都难爬上去，石缝里零零星星地歪出几株弯弯扭扭的古松。敌人似乎没有设防，可能是因为它太陡太险。团领导边观察边研究，觉得倘若能组织一支迂回部队从这里翻越上去，就能居高临下地用手榴弹轰击敌人的碉堡，配合正面进攻，还可以向东出击，压向口子那边的三角地带。可这面绝壁如何上得去?

☆ 事件背景 ☆

红一方面军主力决定向敌人兵力相对薄弱的甘南进发。腊子口是四川通往甘肃的重要隘口，夺取腊子口，是突破敌人封锁、进入甘南的关键性一仗。红四团采取同时进行正面强攻和侧面迂回的战术，占领了腊子口，打开了北上的通道。

在这关键时刻，团里召集士兵开大会，讨论如何打下腊子口，要大家献计献策。一个贵州入伍的苗族小战士来了个“毛遂自荐”，说他能爬上去。大家都惊讶地望着他。当然，只要有一个人能上去，就可以上去一个连、一个营。可是，他怎么能爬得上去呢？

这个战士外号叫“云贵川”，作战非常勇敢。他说，在家采药、打柴，经常爬大山，攀陡壁，眼下这个悬崖绝壁，只要用一根长竿子，竿头绑上结实的钩子，用它钩住悬崖上的树根、崖缝、石嘴，一段一段地往上爬，就能爬到山顶上去。于是，团里把希望寄托在这个苗族小战士的身上，决心做一次大胆的试验。

出奇制胜 >>>

天将黄昏时，红四团做好了同时翻山迂回和正面强攻的准备。迂回部队由团长王开湘率领；正面强攻的任务由团政委杨成武指挥。

腊子口

天擦黑时，王开湘率迂回部队过了腊子河，开始向绝壁上攀登。那个苗族小战士先爬了上去，将随身携带的长绳从上面放下来，后面的人一个个顺着长绳爬上去。与此同时，20名战士组成突击队，乘着夜色向敌人的桥头阵地接近，从正面展开了猛烈的进攻，掩护迂回部队。

担任迂回的战士爬到山顶，但到处都是悬崖陡壁，找不到路，又不能照明，只好摸黑找，直到快天亮，他们才找到道路，立即发出一红一绿两颗信号弹。这是进攻的信号！杨成武在山下看到后，命令立即发出三颗红色信号弹，向敌人发起总攻。

晨曦中，总攻部队开始过河了，全团的轻、重机枪也一齐向隘口碉堡逃出来的敌人扫射。第六连的战士更是威风，一个个身背马枪，抡起雪亮的大刀，冲向独木桥，向敌人左砍右杀，峡谷里刀光闪闪，鲜血四溅。没用多久，红军就抢占了独木桥，控制了隘口上的两个碉堡。初战获胜后，杨成武命令总攻部队分兵两路，沿河的两岸向峡谷纵深扩大战果。

经过两个小时的冲杀，红四团突破了敌人设在口子后面三角地带的防御体系，夺下了碉堡，占领了敌人的预设阵地和堆满弹药、物资的仓库。全团一边作战一边就地补充弹药，随后向敌人发起了更加猛烈的攻击。

敌人退至峡谷后段的第二道险要阵地，又集结兵力，扎下阵脚，顽固抵抗，企图等援兵到来后一齐反扑。红四团集中所有兵力向敌人的第二道阵地冲击。在炮火、机枪的猛烈射击下，经过近一小时的连续冲锋，敌人终于全部溃败了。红军占领了天险腊子口。

被红军打烂的腊子口碉堡

腊子口一战，是长征途中少见的硬仗之一，也是出奇制胜的一仗。这一仗打出了红军的威风，显示了红军战士智勇双全和不怕苦、不怕死的硬骨头精神。顺利占领天险腊子口的意义非常重大，正如聂荣臻在回忆录中所说："腊子口一战，北上的通道打开了。如果腊子口打不开，我军往南不好回，往北又出不去，无论军事上政治上，都会处于进退失据的境地。现在好了，腊子口一打开，全盘棋都走活了。"

红军长征史考场

问：红一方面军进入甘南的关键性一仗是哪次？

答：夺取腊子口。

胜利到达吴起镇

整编为陕甘支队 >>>

攻占腊子口后，红一方面军继续北进。1935年9月18日在哈达铺地区，进行了短暂的休整。

哈达铺是甘肃岷县南部的一个镇子，回民占一半以上。考虑到红军进入了回民聚居地区，为认真贯彻党的民族政策，特地颁发了《回民地区守则》。这个守则条目很多也很细，除了规定不得擅入清真寺，不得任意借用回民器皿、用具外，还规定不得在回民居住区杀猪和吃猪肉。

9月22日，中共中央在哈达铺召开红一、红三军团以上干部大会。会议按照9月12日俄界会议的决定，宣布军委纵队和红一方面军主力整编为中国工农红军陕甘支队，共7000余人。彭德怀为司令员，毛泽东为政治委员，林彪为副司令员，叶剑英为参谋长，王稼祥为政治部主任，杨尚昆为政治部副主任。下辖3个纵队，第一纵队司令员林彪，政治委员聂荣臻，参谋长左权，政治部主任朱瑞；第二纵队彭德怀兼司令员（不久彭雪枫接任），政治委员李富春，副司令员刘亚楼，参谋长萧劲光，政治部主任罗瑞卿；第三纵队司令员叶剑英，政治委员邓发。会议还决定派谢觉哉、毛泽民去新疆建立交通站，设法打通国际关系。

蒋介石害怕红军东进天水，威胁西安，遂将其主力向天水集结，并以一部兵力占领渭河附近的武山、漳县两城，防红军东进。9 月 26 日，又在西安成立西北“剿共”总司令部，自任总司令，张学良任副总司令代行总司令职权，指挥陕甘宁青等省的“剿共”作战。

这时，中共中央搜集到一些《大公报》，得知陕甘苏区存在的情况，决定率领陕甘支队迅速北上，同西北红军和红二十五军会合，“在陕北保卫和扩大苏区”。

人物 邓富连

事件 过六盘山

地点 宁夏、甘肃

翻越六盘山 >>>

9 月 29 日，陕甘支队按照中央确定的新方针，出发北进。当日攻占通渭城，这是陕甘支队进入甘肃后打下的第一座县城。红军入城后，打开县监狱，释放被关押的群众，并在大街小巷张贴布告和标语，向群众宣传红军的主张，要求群众安居乐业，支持红军北上抗日，不要听信谣言，自相惊扰。居民们看到红军军纪严明，热爱群众，打消了疑虑，城内秩序很快恢复了正常。

10 月 5 日，陕甘支队连续攻占几座县城，进抵六盘山山麓。六盘山，位于宁夏南部、甘肃东部，海拔 2928 米，由北向南逶迤 240 余公里，为陕北和陇中高原界山，渭河和泾河分水岭。这里山路曲折盘旋，要经过六道弯才能到达山

☆ 事件背景 ☆

1935 年 10 月 19 日，中共中央率领陕甘支队胜利到达陕甘苏区吴起镇，宣告历时一年，纵横福建、江西、广东、湖南、广西、贵州、云南、四川、西康、甘肃、陕西等 11 省，长驱二万五千里的长征胜利结束，完成了艰苦卓绝的战略转移任务，标志着蒋介石企图消灭中共中央和红一方面军计划的破产，充分证明了中国共产党领导下的人民军队是不可战胜的。

顶，山也由此得名。

陕甘支队第一纵队在固原县的青石嘴消灭东北军两个骑兵连，缴获战马100余匹。红军用这批马装备侦察连，从此有了自己的骑兵部队。

红军第一纵队第十三大队，在青石嘴附近被东北军大约两个团的骑兵截断去路。大队长陈赓、政委邓富连等为减少部队的伤亡，决定给敌人以突然袭击，乘敌混乱之机突围出去。下午2时，由参谋长彭雄率领的前卫连突然冲了上去。敌人发现他们人数不多，便编好队举着马刀冲过来，战斗进行得非常激烈。下午4时多，第二、第三、第四连突围出去。这时，敌第三十七军的两个步兵团追了上来，红军腹背受敌，情况十分危急。邓富连率第一排在后阻敌。敌骑兵挥着马刀乱砍，一道寒光从邓富连头边闪过，帽子都被砍飞了。战斗一直打到晚上6时多，他才带着最后留下的一个班撤出阵地，终于摆脱了敌人的围追。这一次战斗，第十三大队有30多人伤亡，而敌人却有近200多名骑兵、步兵和100多匹战马被打死。

随后，陕甘支队向环县方向疾进。红旗迎风招展，红军队伍像奔腾的铁流涌向前方，此情此景，真是壮观万分。

六盘山

1935年10月7日，红军陕甘支队第一纵队在甘肃省固原县青石嘴歼敌两个骑兵连，缴获战马100余匹

毛泽东赋词《清平乐·六盘山》，抒发了革命自豪感和对中国革命胜利的自信心：

天高云淡，
望断南飞雁。
不到长城非好汉，
屈指行程二万。

六盘山上高峰，
红旗漫卷西风。
今日长缨在手，
何时缚住苍龙？

红一方面军主力长征胜利 >>>

红军绕道环县、曲子镇，晓行夜宿，长驱东进。10 月 19 日傍晚，司令部命令各纵队进驻陕甘根据地的吴起镇及附近村落。战士们听到这个命令，都十分高兴，因为就要回到苏区了。很多人忘记了几天行军的疲劳，像小孩一样，连跳带跑，直往吴起镇而去。在吴起镇的街上和窑洞内外，到处都有“中国共产党万岁！”“拥护刘志丹！”的标语。指战员们不约而同地说：“我们真的回到自己家了！”

一开始，镇里的百姓以为是敌军又来骚扰，都躲走了。战士们把街道打扫干净，贴上各种标语，如“北上抗日，收复失地！”“与二十五、六、七军会合，一致抗日救国！”很快，当地的党支部书记与乡政府主席回来了，他们和战士们热烈握手，战士们把乡干部们围起来。大家嘴里说着南腔北调的话，但一张张脸上都洋溢着同样的激动。第二天早晨，全镇的男女老少都回来了，见了红军个个笑容满面，不断地说：“啊！原来是咱们自己人！”

这时，敌骑兵4个团追了上来。毛泽东说：“我们打退追敌，不要把敌

到达陕北的红一方面军一部

人带进根据地。”这句话成为红军的动员令。彭德怀具体地部署和指挥了这次战斗。他利用吴起镇一带的有利地形，在塬上的深沟内设伏，并以第二纵队在左翼、第一纵队在正面，向迂回吴起镇西北的敌马鸿宾部发起攻击。经过数小时激战，将敌击溃。接着，又乘胜击溃东北军另两个骑兵团，迫使敌追击部队停止“追剿”。

吴起镇战斗，击溃敌骑兵4个团，歼敌数百人，俘敌200余人，缴获战马200匹。毛泽东十分高兴，赋诗赞扬彭德怀的卓越军事指挥才能和无畏的作战精神：

山高路远坑深，
大军纵横驰奔。
谁敢横刀立马？
唯我彭大将军！

后来，彭德怀看到毛泽东写给他的这首诗后，将末句改为“唯我英勇红军”。这首诗今天已被人们广泛传诵，成为不仅是对当年的彭德怀，也是对彭德怀一生鲜明、生动的写照。

红军长征史考场

问：中央红军长征胜利结束的标志是什么？

答：1935年10月19日到达陕甘苏区吴起镇。

打破对陕甘苏区的第三次“围剿”

甘泉会师 >>>

陕甘支队在吴起镇进行了短期休整后，1935年10月底经保安东进，11月初，在甘泉地区的象鼻子湾(一说下寺湾)同红十五军团会师。毛泽东、彭德怀立即赶到红十五军团司令部，会见红十五军团的领导人。当时，红十五军团军团长徐海东正在前线，得知后快马加鞭往回赶，近70公里的路，中间还有两座山，3个钟头就赶到了。

中共中央和毛泽东到达红十五军团司令部的消息很快在前方部队中传开，红军指战员十分高兴。在“打个大胜仗，迎接党中央”“打下张村驿，迎接毛主席”的口号下，向敌人发起猛烈攻击，一举拿下张村驿等据点，缴获了大批粮食和物资。

为了加强红十五军团的各级领导，中央先后派一批军政干部到红十五军团工作。红十五军团领导对这些同志的到来表示热烈欢迎，一视同仁，团结战斗。徐海东了解到中央和红一军团经济困难，立即从部队积蓄的7000元中取出5000元送给中央。同时，还从各连队抽出部分枪支、弹药、衣物、布匹、医药等用品，送给了红一军。红一军供给部长叶季壮连声说：“这真是雪中送炭啊！”

在此期间，中共中央于11月3日在甘泉下寺湾召开政治局常委会议，中华苏维埃共和国中央政府决定，成立中国工农红军西北革命军事委员会，毛泽东、周恩来、彭德怀、王稼祥、聂洪钧、林彪、徐海东、程子华、郭洪涛为军事委员会委员，毛泽东为主席，周恩来、彭德怀为副主席；后来，又增补叶剑英、聂荣臻、刘志丹为军委委员。同时，宣布恢复红军第一方面军番号，彭德怀任红一方面军司令员，毛泽东任政治委员，叶剑英任参谋长，王稼祥任政治部主任；原第一、第三军合编为红军第一军团，林彪任军团长，聂荣臻任政治委员；红十五军团，徐海东任军团长，程子华任政治委员。

人物　彭德怀

事件　直罗镇战役

地点　陕甘苏区

☆ 事件背景 ☆

中共中央和红一方面军主力到达陕甘苏区，这对国民党是一个巨大的威胁。国民党西北“剿总”决定重新调整部署，第三次“围剿”陕甘苏区，企图围歼红军。红一方面军集中全军大部兵力，取得直罗镇战役的胜利，打破了国民党军队的“围剿”，有力地奠定了全国革命大本营的基础。

直罗镇战役 >>>

中共中央到达陕甘苏区和红一方面军主力同红十五军团的胜利会师，对国民党是一个巨大的威胁。国民党西北“剿总”即决定重新调整“围剿”部署，企图乘红军立足未稳，在洛水以西、葫芦河以北地区围歼中共中央机关和红一方面军。

11 月 6 日，两路敌军总兵力 3 万余人到达郝县。红一方面军只有 1.2 万人，敌军在兵力和武器装备上都占很大优势。如果让敌人构成合水至郝县、鄜县至延安的东西、南北封锁线，第三次“围剿”便无法打破，而且现有的苏区也不能巩固，中共中央在陕甘地区立足也很困难，情势对红军很不利。但同时也存在有利条件。东北军广大官兵对蒋介石对日妥协、对内“剿共”的反动政策颇为不满，士气低落；中共中央和红一方面军主力到达陕甘，极大地鼓舞了陕甘苏区全体军民的胜利信心，增强了反“围剿”的军事力量，红军全体指战员士气高涨，一致要求以打胜仗来庆祝陕甘支队同红十五军团的胜利会师；广大群众拥护红军；直罗镇地区的地形对红军作战有利。为此，军委决定：抓住葫芦河这一战略与战役枢纽，集中全军大部兵力，力求歼灭沿葫芦河东进之敌 1 至 2 个师，再视情况转移兵力，各个歼灭敌人，以打破敌人“围剿”。11 月 6 日和 7 日，红一军团由甘泉以西的定边集、下寺湾，先后进抵郝县西北之秋林子和甘泉西南的老人仓地区；红十五军团攻占了直罗镇以东的张村驿、东村等据点。

11 月初，东北军第五十七军到达太白镇地区后，犹疑徘徊，停滞不进达半月之久。毛泽东、彭德怀为调动该敌迅速东进，决定加紧对甘泉之敌的围攻。敌西北“剿总”果真上当，即命令第五十七军立即东进。11 月 17 日，第五十七军以 1 个师留守太白镇，主力继续沿葫芦河向鄜县方向前进。

根据敌军进展情况，毛泽东、彭德怀决定红一方面军主力集结待机，并把敌人先头部队第一〇九师引进直罗镇。直罗镇是一个不过百户人家的小镇，三面环山，一条小路穿镇而过。它的地形有如一个口袋，正是打伏击战的好战场。11 月 19 日下午，红一军团进至直罗镇东北地区集结，布设观察哨，直接观察敌人行动；红十五军团在张村驿、东村地区进行战前准备；红一方面军指挥所进至张村驿。

11 月 20 日晨，敌先头部队第一〇九师在 4 架飞机掩护下，分三路沿葫芦河谷及南北山地向直罗镇推进。开始敌军的行动比较谨慎，后来见一路未遇抵抗，就逐渐松懈。到达黑水寺、直罗镇后，他们杀鸡宰羊，大吃大喝，疏于戒备。

21 日拂晓，红一军团主力和第十三团自北、西北、东北三个方向，红十五军团自西南、南、东南方向向

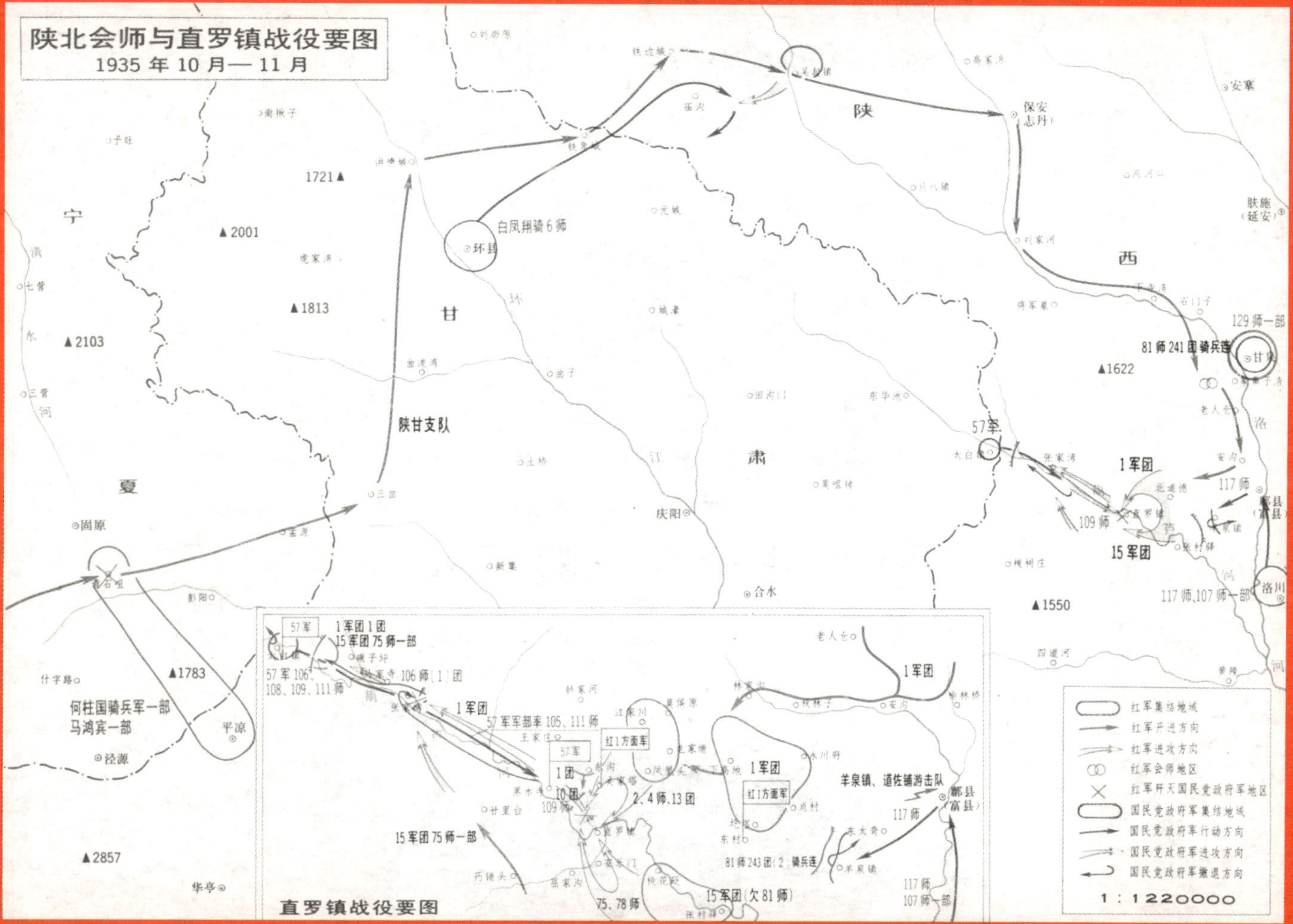

陕北会师与直罗镇战役要图，1935年10月—11月

红一军团和红十五军团部分领导干部合影。左起：王首道、罗瑞卿、杨尚昆、程子华、聂荣臻、陈光、徐海东、邓小平

直罗镇之敌发起进攻。东北军第一〇九师在红军的突然攻击下，从睡梦中惊醒，左冲右突，怎么也出不去。敌大部被歼，残部500余人退入镇东南之土寨内固守，等待援兵。根据敌情，毛泽东、彭德怀即决定以一部分兵力包围寨子里的敌人，等他们逃跑时歼灭；同时立即集结主力部队，准备打敌人的增援部队。

21日22时，西北“剿总”派兵分几路向直罗镇增援。毛泽东、彭德怀决心抓住敌军协同较差、便于红军各个击破的有利战机，集中主力，坚决歼灭西线增援之敌。敌一部增援部队在安家川以东地区遭到红一军团迎头痛击后，立即向西溃退。其余部队未敢再进，逃回黑水寺。被红军包围在直罗镇土寨内之敌第一〇九师残部见增援无望，23日午夜企图突围，结果被红军全歼，师长牛元峰被击毙。

直罗镇战役，红一方面军共歼敌1个师又1个团，毙敌1000余人，俘虏5367人。有些被俘人员经过教育被释放回去，对红军以后同东北军建立抗日民族统一战线起了积极作用。直罗镇战役的胜利，打破了国民党军队对陕甘苏区的第三次“围剿”，为中共中央把全国革命大本营放在西北的任务，举行了一个奠基礼。

红军长征史考场

问：红一军团政委是谁？

答：聂荣臻。

瓦窑堡会议

团结一切抗日力量 >>>

1935年，中国的政治形势发生了急剧的变化。日本帝国主义进逼华北，要变全中国为其殖民地，中华民族面临着亡国灭种的严重危险。但是，蒋介石却置民族危亡于不顾，继续坚持“攘外必先安内”的政策，调集重兵进行反共内战，镇压抗日救国运动。民族危机的加深和蒋介石的卖国内战政策，促使国内各阶级、阶层和政治团体的政治态度日益发生重大的变化。

中共中央和工农红军到达陕甘苏区以后，立即根据国内政治形势的变化，更加明确地提出了抗日民族统一战线的政策，决定实行战略策略的转变。1935年11月13日，中共中央发出《为日本帝国主义并吞华北及蒋介石出卖华北出卖中国宣言》《关于开展抗日反蒋运动工作的决定》。指出：“抗日反蒋是全中国民众救国图存的唯一出路”，“一切抗日反蒋的中国人民与武装队伍，不论他们的党派、信仰、性别、职业、年龄有如何的不同，都应该联合起来，为打倒日本帝国主义与蒋介石国民党而血战”，“陕甘苏区是处在反对日本帝国主义侵掠的前卫地位”，目前最迫切的任务是“扩大与巩固陕甘苏区，准备同日本帝国主义直接作战”。

大约11月18日或19日，共产国

际派遣回国传达第七次代表大会精神的张浩（林育英）到达瓦窑堡。他从蒙古越境，跨越沙漠，一路风餐露宿，为了应付盘查，装扮成货郎，沿途打听消息。经过 3 个月的长途跋涉，终于找到了同共产国际失去联系的中共中央。

他到达瓦窑堡后，立即传达了共产国际七大关于建立反法西斯统一战线和人民阵线，不再将中间力量看作危险敌人等精神，以及中共驻共产国际代表团起草的以中华苏维埃共和国中央政府、中共中央名义发表的《为抗日救国告全体同胞书》（“八一宣言”）的内容。他的到来，使中共中央了解到共产国际七大的精神，对于中国共产党战略策略的转变，起了重要作用。11 月 28 日，中华苏维埃共和国中央政府、中国工农红军革命军事委员会即发表《抗日救国宣言》，更加明确地提出：“不论任何政治派别、任何武装队伍、任何社会团体、任何个人类别，只要他们愿意抗日反蒋者，我们不但愿意同他们订立抗日反蒋的作战协定，而且愿意更进一步地同他们组织抗日联军与国防政府。”

克服关门主义错误倾向 >>>

中国共产党的正确主张得到全国各界人士的拥护和支持，抗日反蒋浪潮在全国迅速掀起。12 月 9 日，北平爆发了一二·九运动，得到广

人物 爱国学生

事件 一二·九运动

地点 北平

☆ 事件背景 ☆

1935 年 12 月 17 日至 25 日，中共中央在陕北瓦窑堡召开了政治局扩大会议。瓦窑堡会议是中国共产党在中华民族危亡关头、中国革命转折时期召开的一次极为重要的会议。会议科学地分析了中国的政治形势，适时地制定了抗日民族统一战线的总政策和军事战略，向全党全军规定了明确的战略任务，指明了前进的方向。从此，中国革命开始由国内革命战争向抗日民族战争转变。

大爱国学生的积极响应和全国人民的支持，标志着全国抗日救国运动进入一个新的高潮。

但是，当时中国共产党内严重地存在着关门主义倾向。12 月 17 日至 25 日，中共中央在陕北瓦窑堡召开了政治局扩大会议。会议全面分析中国政治形势的发展和变化，着重批评了那种认为中国民族资产阶级不能同中国工人、农民、城市小资产阶级联合的关门主义倾向，确定建立抗日民族统一战线的总政策，并相应地调整了党的各项具体政策。25 日，会议通过了《中共中央关于目前政治形势与党的任务的决议》，指出："我们的任务，是在不但团结一切可能的反日的基本力量，而且要团结一切可能的反日同盟者，是在使全国人民有力出力，有钱出钱，有枪出枪，有知识出知识，不使一个爱国的中国人，不参加到反日的战线上去。这就是党的最广泛的民族统一战线策略的总路线。"会议还决定将中华苏维埃工农共和国改为苏维埃人民共和国，与一切抗日的力量共同组成国防政府和抗日联军。

资料链接

一二·九运动

1935 年 12 月 9 日，北平爱国学生在中共北平临时工作委员会的组织和领导下，冲破国民党的重重阻挠和镇压，举行了声势浩大的游行示威，高呼"反对华北自治运动""打倒日本帝国主义""停止内战，一致对外"等口号。这一英勇的抗日救国运动（史称一二·九运动），迅速地扩展到全国许多大中城市，得到广大爱国学生的积极响应和全国人民的支持。中华全国总工会发布了为援助北平学生运动告工友书；上海文化界 280 余人发表了救国运动宣言；上海还相继成立了以抗日救国为宗旨的各界救国会、妇女救国会等组织、团体，开展抗日救国活动；北平、天津等地爱国学生深入工厂、农村进行抗日救国宣传，有力地推动了广大城乡抗日救国运动的深入发展。一二·九运动标志着全国抗日救国运动进入一个新的高潮。

中共中央政治局于1935年12月在陕北瓦窑堡举行会议，图为会议会址

制定军事战略 >>>

瓦窑堡会议的另一个重要议题，是关于党在新的形势下的军事战略问题。当时，中共中央和红军正面临着一些实际困难。红二、红六军团和红四方面军还在长征途中，红军主力尚未集中，红一方面军亟待扩充；陕甘苏区的面积狭小，人口稀少，土地贫瘠，经济落后，粮食和工业品缺乏，又受到国民党军队的封锁和围困，红一方面军在此长期坚持斗争，给养困难，扩军不易；同时，苏区周围的敌情仍较严重。在蓬勃发展的抗日形势下，红军向何方发展，是中共中央亟待解决的重要战略问题。

在瓦窑堡会议前，围绕军事战略问题，特别是红一方面军的发展方向问题，曾有过各种不同的设想和意见。有的主张，红军应采取“巩固向前发展”

的战略方针，以巩固陕甘苏区为主，逐步向南发展，寻机同国民党军队作战；有的主张，红军北出宁夏或五原、包头，与日军争先机，并可打通与苏联的联系，取得国际支援。

毛泽东在分析形势后主张，红一方面军应乘全国抗日高潮的形势，先向南发展，力争夺取甘泉、宜川，巩固南面阵地，同时以一部兵力打击北面敌军的袭扰部队，保障陕甘苏区西北部安全；而后集中红军主力渡过黄河，东征山西。这样可以进一步向北转进绥远，或东进河北，开赴抗日前线，争取对日直接作战，把国内革命战争同抗日民族战争结合起来，推动华北乃至全国抗日运动走向新的高潮；可以避免同有抗日要求的国民党军东北军、第十七路军作战，有利于同他们建立抗日民族统一战线；进攻山西，威胁阎锡山的老巢，可以把入陕的晋绥军调回山西，以缓解陕北苏区的军事威胁；山西人口稠密，物产丰富，便于红军扩大兵员，解决给养以及筹款和征集作战物资。瓦窑堡会议接受了毛泽东的正确主张，决议把红一方面军与苏区发展的主要方向，确定在东边的山西和北边的绥远等省。

红军长征史考场

问：瓦窑堡会议制定的总政策是什么？

答：抗日民族统一战线。

发展西北联合抗日的新局面

东征战役 >>>

红一方面军按照瓦窑堡会议决定的战略方针，同陕甘苏区军民一道，展开了东征的准备。1936年2月20日至5月5日，红一方面军历时75天的东征作战，取得了重大胜利。在军事上，给阎锡山的晋绥军以沉重打击，共消灭敌人7个团，俘其官兵4000余人，缴获各种枪4000余支(挺)、火炮20余门，迫使“进剿”陕北的晋绥军撤回山西，恢复和巩固了陕北苏区；有8000多青壮年参加红军，壮大了红军的力量；筹款30余万元，缓解了红军抗日经费缺乏的困难；部队经受了作战锻炼，提高了战斗力。在政治上，红军以实际行动宣传中国共产党的抗日救国主张，激发了山西乃至全国人民的抗日救国热情，推动了西北乃至全国抗日民族统一战线工作的开展；在山西20多个县播下了抗日的种子，发展了抗日和革命力量。但是，红二十八军军长刘志丹在东征中不幸牺牲。

西征战役 >>>

5月5日，中华苏维埃人民共和国中央政府主席毛泽东和中国人民红军革命军事委员会主席朱德联名发出《停战议和，一致抗日》通电，说明为了避免内战，保存抗日力量，并促进抗日民族统一战线的开展，中共中央决

准备东渡黄河开赴抗日前线的中国工农红军一部

准备东渡黄河的骑兵队伍

定将红军撤回河西。但是，蒋介石不顾日益严重的民族危机，无视中国共产党提出的“停战议和，一致抗日”的倡议，顽固地坚持“攘外必先安内”的政策，对陕甘苏区和红一方面军发动新的“进剿”，重点是陕北苏区。

根据敌军分布情况，西北革命军事委员会决定，以红一方面军第一军团、第十五军团、第八十一师、骑兵团组成西方野战军，共 1.3 万余人，向敌人兵力薄弱的陕甘宁边区进攻，开辟陕甘宁抗日根据地，策应红二、红六军团及红四方面军北上；以红二十九军主力、红三十军、陕北地方部队和群众武装，在东线坚持游击战争，保卫陕甘苏区的安全。

5 月 19 日，西方野战军开始进行西征战役。与此同时，红一方面军一部兵力在地方武装的支持下，在东线开展游击战争，积极配合西方野战军的行动。至 7 月下旬，西方野战军给予坚决反共的宁夏军阀马鸿逵、马鸿宾部很大打击，除杀伤大量敌军外，俘获其官兵 2000 余人，缴获各种枪 2000 余支、战马 500 余匹，解放了 4 座县城，开辟了纵横各 200 公里的陕甘宁新根据地；红二十九军主力、红三十军和陕北苏区地方武装等部，坚持东线游击战争，保卫了老苏区，牵制了敌军主力，有力地支援和配合了红一方面军主力的西征作战。这就为下一步

人物　张学良、杨虎城

事件　西安事变

地点　西安

☆ 事件背景 ☆

中共中央明确提出建立抗日民族统一战线，号召全国人民联合起来，共同抗日。被蒋介石派来“围剿”陕甘苏区的东北军和第十七路军深受影响，他们厌恶内战，要求抗日。中共中央对其积极开展统战工作，为巩固和扩大陕甘根据地、开创西北地区抗日统一战线新局面，奠定了坚实基础。

迎接红二、红四方面军，实现三大主力红军会师，发展西北抗日的新局面，创造了有利条件。

积极展开统战工作 >>>

在东征、西征期间，中共中央还同东北军、第十七路军积极展开统战工作，取得了很大进展。

东北军原是以军阀张作霖为首、封建割据色彩十分浓厚的地方武装集团。1931 年九一八事变后，由于蒋介石的不抵抗政策，东北三省很快被日本帝国主义侵占，张学良只得率部流亡关内。蒋介石把东北军推向反共的第一线，企图在内战中对其加以削弱或消灭。因此，在东北军中存在着深刻的抗日反蒋的积极因素，官兵们背井离乡，怀念故土，厌恶内战，不愿当亡国奴，迫切要求打回老家去。家仇国恨集于一身的张学良，受中国共产党“八一宣言”和统一战线政策的影响，早有抗日救国、收复失地、报仇雪耻的要求。

根据上述情况，中共中央为适应形势的发展，推动东北军迅速走上抗日救亡的道路，停止内战，共图民族大业，在 1935 年 12 月瓦窑堡会议上，就决定成立东北军工作委员会，周恩来任书记。

东北抗日义勇军和抗日联军与日军作战

东北军团长高福元在榆林桥战斗中被俘虏，他是北京的大学生，东北讲武堂毕业，和张学良关系很好。被俘后，彭德怀、叶剑英等待之如宾，多次同他谈抗日救国的道理，谈蒋介石不抵抗主义，请他参观红军部队，观看红军演出的话剧、抗日歌曲。高福元在红军中生活

东北抗日义勇军的长枪队

两个月，思想起了很大变化，愿意回去劝说张学良同红军联合抗日。

中共中央指示释放高福元。1936年1月16日，高福元由洛川回到瓦窑堡，当面向毛泽东和周恩来汇报了张学良对联共抗日的态度，并请红军派一位代表，与张学良正式商谈。中共中央随即决定派李克农去洛川同张学良谈判。19日，李克农由瓦窑堡出发，前往洛川与张学良谈判。张学良表示愿为成立国防政府和抗日联军奔走。

1月25日，中共中央以毛泽东、周恩来、彭德怀、叶剑英、聂荣臻、刘志丹等红军将领名义发出《红军为愿意同东北军联合抗日致东北军全体将士书》，再次重申：中华苏维埃政府与中国工农红军愿与任何抗日武装队伍联合起来，组织国防政府与抗日联军，同日本帝国主义直接作战，收复失地；并表示愿意首先同东北军来共同实现这一主张，成为中国人民抗日的先锋。4月9日晚，周恩来亲赴延安，与张学良就抗日救国问题举行会谈，双方达成了联合抗日的协议。

随后，叶剑英来到安塞领导东线工作委员会(简称东线工委)，做陕北地区东北军的工作，争取他们联合抗日。当时东北军驻防陕北，人地两生，交通不便，粮草紧张，蒋介石对“杂牌军”又不及时供应，使东北军部队生活供给发生不小困难。在这种情况下，东线工委开设贸易市场，允许东北军官兵来市场购物，或到苏区采办货物，帮助他们解决粮、柴、肉、马料等物资匮乏问题。这实际上是一种十分有效的统战工作形式，在市场上，工委工作人员主动与东北军官兵接触，向他们宣传停止内战、一致抗日的道理，彼此之间思想感情进一步得到交流。叶剑英还请周恩来派人民剧社到安塞市场演出。演出吸引了大批东北军的士兵和群众观看，受到热烈欢迎，场场爆满。当东北军官兵看到剧社演出的悲剧《亡国恨》时，许多人当场流下热泪，泣不成声。

杨虎城第十七路军驻在延安，为

资料链接

西安事变

1936年，日本帝国主义不断扩大对中国的侵略，蒋介石坚持不抵抗政策，继续进行内战。以张学良为首的东北军和以杨虎城为首的第十七路军被蒋调到陕甘一带进攻中国工农红军。因受中国共产党抗日民族统一战线政策及人民抗日运动的影响，张、杨与红军实现了停战，并要求蒋介石联共抗日。蒋不仅拒绝了张、杨的要求，而且调集嫡系部队至豫陕边境，压迫张、杨继续进攻红军。12月4日，蒋介石飞往西安督战。7日，张学良到临潼华清池向蒋“苦谏”，请求“停止内战，一致抗日”，遭蒋拒绝，蒋坚持不改“剿共”政策。12日，张学良、杨虎城发动“西安事变”，在华清池武装扣留蒋介石，囚禁陈诚等十余人；宣布取消“西北剿匪总部”，成立抗日联军西北临时军事委员会，张学良、杨虎城任正副委员长，并通电全国，提出改组南京政府，停止内战，共同抗日，实行民主政治。经周恩来等的努力和全国人民的斗争，24日，蒋介石被迫接受停战议和、联共抗日、释放政治犯等条件。25日蒋介石获释，由张学良陪返南京，“西安事变”到此和平解决。蒋介石飞回南京后，立即把张学良拘禁起来。

红十五军团的军团长徐海东与杨虎城的秘书等人在咸阳西乡总部合影

了打通与杨部的关系，做好该部的工作，叶剑英还进到延安城开展活动，并利用东北军的关系，与杨虎城进行沟通，动员他们共同抗日。

由于抗日救亡形势的发展和党的统战工作的深入开展，东北军、第十七路军与红军不仅停止了敌对行动，而且和睦相处，互派代表，互通情报，互送礼品，使原来的“敌军”变成了“友好的邻居”，为巩固和扩大陕甘根据地，开创西北地区抗日统一战线新局面，奠定了坚实基础。

红军长征史考场

问：中央红军结束长征后发动的战役是什么？

答：东征和西征战役。

红四方面军南下
与红二、红六军团的长征

张国焘另立“中央”

围攻朱、刘 >>>

1935年9月，中共中央率红一、红三军和军委纵队一部先行北上后，张国焘不顾中央的一再电示和耐心挽救，执意南下，进行一系列分裂党、分裂红军的活动。

张国焘从葛曲河折回阿坝后，立即大造反对中央的舆论。他还围攻朱德等人，要朱德写反对中央北上的文章，被朱德坚决拒绝。

9月13日，张国焘在阿坝格尔登寺大殿内召开川康省委及红军中党的活动分子会议，会场外悬挂着写有“反对毛、周、张、博北上逃跑”的大横幅。张国焘大肆攻击中央率红一、红三军北上是“逃跑主义”，极力鼓吹其南下主张是“进攻路线”，并扬言要对“经过斗争和教育仍不转变的分子”给予“纪律制裁”。

会上，一些人逼迫朱德当场表态“同毛泽东向北逃跑的错误划清界限”，“反对北上，拥护南下”。朱德稳坐在会场里，不予理睬，他从容不迫地说：“北上决议，我在政治局会议上是举过手的，我不能出尔反尔。我是共产党员，我的义务是执行党的决定。南下是没有出路的！”这时，会场的气氛更加紧张，有人对着朱德喊叫，要他离开。朱德说：“我是中央派到这里工作的，既然你们坚持南下，我只好跟你们去。”刘伯承见他们蛮横地围攻朱德，便挺身而出，维护朱德，表明自己拥护中央北上方针的坚定立场。这些人的攻击目标又转移到刘伯承身上。

人物 张国焘

事件 卓木碉会议

地点 马尔康县

最后，会议在张国焘的操纵下，通过决议，指责中央先行北上是“右倾机会主义逃跑路线”，是“破坏红军的指挥系统，破坏主力红军的团结”；决议坚持张国焘的南下方针，提出只有南下打击敌人、建立苏区，才是唯一正确的进攻路线。

卓木碉会议 >>>

☆ 事件背景 ☆

1935 年 10 月 5 日，张国焘在卓木碉会议上公然宣布另立“中央”，打出分裂主义的旗帜，遭到朱德、刘伯承以及红一、红四方面军广大指战员的反对。

10 月初，张国焘南下到达卓木碉（今马尔康县脚木足）后，加紧了分裂党的活动。10 月 5 日，张国焘主持召开高级干部会议，公然宣布另立“中央”，打出了分裂主义的旗帜。

另立“中央”的事，来得这么突然，人们都傻了眼。就连南下以来，一路上尽说中央如何如何的陈昌浩，似乎也无思想准备，没有立即发言表态支持张国焘。会场的气氛既紧张又沉闷，谁都不想开头一“炮”。张国焘于是指定红一方面军的一位军干部发言。这位同志长征途中，一直对中央领导有意见，列举了一些具体事例，讲得很激动。红四方面军的同志闻所未闻，不禁为之哗然。大家你一言，我一语，责备和埋怨中央的气氛达到了高潮。

张国焘得意扬扬，要朱德同志表态。朱德

心平气和，语重心长，他说："大敌当前，要讲团结嘛！天下红军是一家。中国工农红军在党中央统一领导下，是个整体。大家都知道，我们这个'朱毛'在一起好多年，全国和全世界都闻名。要我这个'朱'去反'毛'，我可做不到呀！不论发生多大的事，都是红军内部的问题，大家要冷静，要找出解决办法来，可不能叫蒋介石看我们的热闹！"

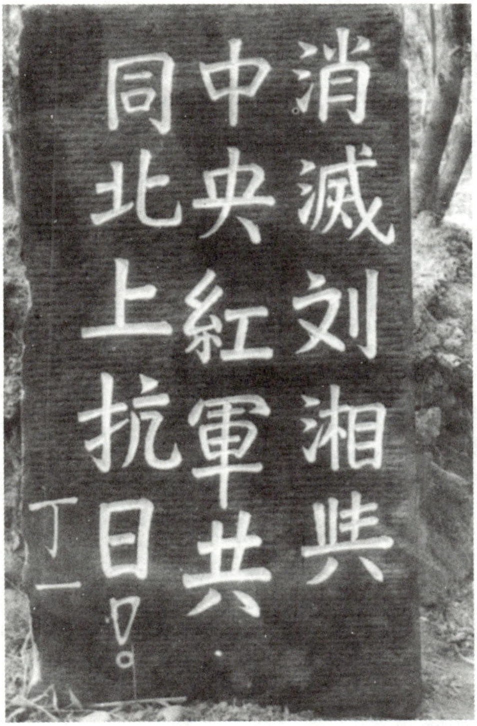

红四方面军在长征中刻的标语

张国焘又让刘伯承表态。刘伯承讲了一通革命形势相当困难的话，弦外之音是要讲团结，不能搞分裂。张国焘为此怀恨在心，不久，便免去刘伯承的参谋长职务。

张国焘见朱德、刘伯承都不支持他，脸色阴沉。接着，他宣布了"临时中央"的名单。为了壮大声势，会议通过的另立"中央"的组织决议，擅自将许多头衔强加给一大批拥护党中央的同志，还宣布"毛泽东、周恩来、博古、洛甫应撤销工作，开除中央委员及党籍，并下令通缉。杨尚昆、叶剑英应免职查办"。张国焘分裂党、分裂红军的活动发展到极度激化的地步。

指战员反对分裂 >>>

张国焘另立"中央"、率军南下的分裂活动，在随左路军南下的红一方面军部队中引起了不满。由红一方面军调任红四方面军第九军参谋长的陈伯钧就曾直接找张国焘谈话，坚持原则，陈述己见，呼吁团结，反对分裂。红五军（原红五军团）、红三十二军（原红九军团）的一些干部、战士对张国焘的分裂行为很不满，有人甚至提出单独北上，找党中央去，说如果张国焘要阻拦，就跟他干。

对于这些坚持原则、反对分裂和南下的指战员，张国焘肆意进行打击迫害，甚至逮捕或杀害。红军总部侦察科长胡底，因反对张国焘的分裂活动，被秘密毒死。

面对张国焘的高压政策，朱德、刘伯承等人一面同张国焘斗争，一面利用同部队接触的机会，耐心地教育红一方面军的指战员顾全大局，掌握正确的斗争方针和策略，团结广大红四方面军干部、战士，不要上少数人的当。为了避免不必要的牺牲，朱德还尽一切可能保护遭到迫害的干部、

红军总司令朱德向红军指战员讲话

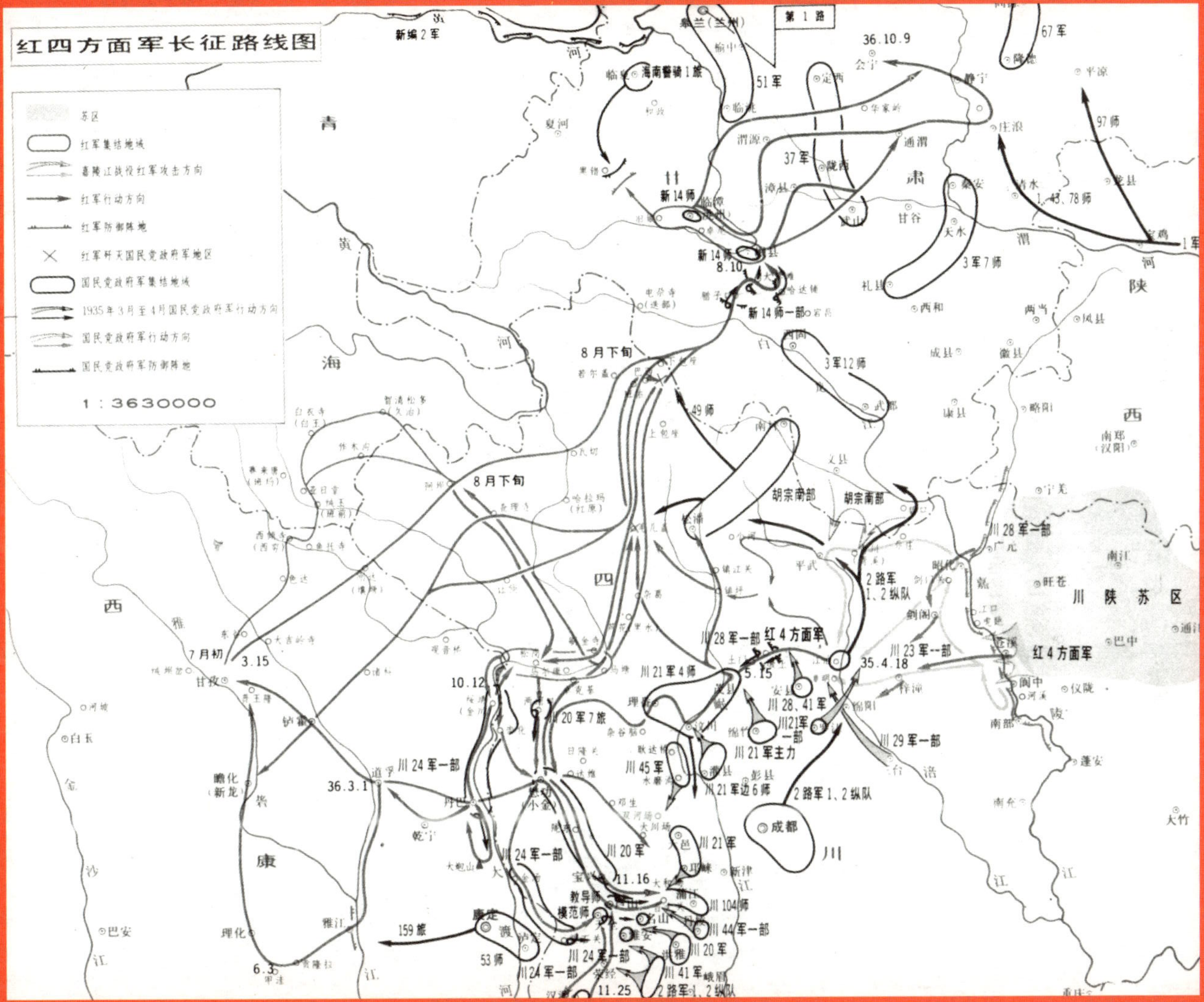
红四方面军长征路线图
苏区
红军集结地域
嘉陵江战役红军攻击方向
红军行动方向
红军防御阵地
红军歼灭国民党政府军地区
国民党政府军集结地域
1935年3月至4月国民党政府军行动方向
国民党政府军行动方向
国民党政府军防御阵地
1:3630000
川陕苏区
红4方面军
35.4.18
5.15
8.10
36.10.9
10.12
11.16
11.25
36.3.1
3.15
6.3
7月初
8月下旬
胡宗南部
成都

红四方面军长征路线图

战士。

张国焘对朱德、刘伯承等人反对分裂、反对南下的立场和活动甚为恼火，但是，由于朱、刘在红军中有很高的威望，红一方面军留下来的部队和红四方面军徐向前等许多同志也多方关心他们，张国焘出于种种顾虑，终于未敢对他们采取极端措施。

张国焘另立“中央”、公开分裂党的行为，在红四方面军的广大干部、战士中也引起了疑问，他们同样珍视党和红军的团结，渴望党和红军的团结。同张国焘的恶劣态度相反，徐向前对朱德非常尊重。他经常交代要照顾好朱总司令的生活。每次重要的战役、战斗，他都要直接向朱德请示汇报。他还一直支持朱德反对张国焘另立“中央”的斗争。徐向前和朱德在非常困难的环境中，互相信赖，互相支持，建立了深厚的友谊。

在朱德、徐向前等的教育和影响下，红四方面军的不少同志对张国焘的盲目崇拜心理开始发生动摇，有些人对张国焘的分裂活动深感痛心和忧虑。红三十三军军长罗炳辉就曾说：“张国焘的搞法是错误的，搞两个中央，不是分裂是什么？共产党怎么能做出这样的事来？党内从来没有这样搞过。这样做法，亲痛仇快，是国民党、蒋介石求之不得的。”

红军长征史考场

问：张国焘分裂党和红军活动的主要表现是什么？

答：执意南下，另立“中央”。

前途未卜的南下征程

二过草地>>>

1935年9月15日，张国焘以“中国工农红军总政治部”的名义，发布了《大举南进政治保障计划》，继续对中央进行攻击，坚持南下方针。红四军、红三十军及红军大学的部分人员组成右路军，在徐向前、陈昌浩的率领下，奉张国焘的命令，回头再次穿越草地。

浩渺沉寂的大草原，黄草漫漫，寒气凛冽，弥漫着深秋的肃杀气氛。红军第一次过草地时留下的行军、宿营痕迹还很清楚，有些用树枝搭成的“人”字棚里，堆着无法掩埋的红军战士的遗体。衣衫单薄的指战员，顶风雨、履泥沼、熬饥寒，再次同草地的恶劣自然条件搏斗，又有一批同志献出了宝贵生命。

与此同时，红军总部机关和左路军也从阿坝、马尔康等地出发南下。到9月底，两路南下部队分别集结于马塘、松岗、党坝一带。

徐向前、陈昌浩等来到党坝后，同朱德、张国焘、刘伯承、王树声等领导人见了面。南下路上心情抑郁、懒得说话的徐向前，见朱德面色黧黑，目光炯炯，步履稳健，有说有笑，一如往常，似乎天塌下来也没放在心上一样，心里好像也稍稍轻松了一些。徐向前后来回忆说：“朱德总司令虽不同意张国焘的分裂主义行为，但认为部队既然已经南下，就应打开战局，找块立脚生存的地方。那么多红军，没有地盘，没有饭吃，无异于不战而自毙。同时，他又坚信，只要大家是革命的，最后总会走到一起的。因而，在军事行动方面，积极行使总司令的职权，及时了解敌情，研究作战部署，定下决心。”

人物 刘湘

事件 百丈战斗

地点 川西南

☆ 事件背景 ☆

张国焘坚持南下，遭到国民党军队优势兵力的围攻。在攻占川西重镇百丈的战役中，南下的红军面对火力强大的敌人，虽经英勇奋战，但终因敌众我寡，损失惨重，伤亡近万人。惨痛的事实说明，张国焘的南下方针是错误的，南下红军也由战略进攻转入战略防御。

绥崇丹懋战役 >>>

这时，四川“剿匪”总司令刘湘见红军一部北上、大部突然南下，立即沿大小金川布阵防堵，对在川各军做了部署，企图凭借高山峡谷，阻止红军南下。

10 月 8 日，左、右两路纵队按预定计划开始行动，先后向大小金川沿岸疾进。大小金川地区地形复杂，沿途多深山绝壁、峡谷激流，不便大部队展开，且易守难攻。战役开始后，右纵队首先向观音河铁索桥强攻，但守敌事先已将铁索桥砍断，并筑有防御工事，凭坚固守。红军遂改以乘船在下游 3 公里处强渡，又因敌人火力猛烈，河流湍急，渡船触石翻沉，强渡未能奏效。右纵队渡河受阻，延迟了出动时间。鉴于这种情况，总部临时调整部署，整个战役的进攻任务，几乎全由左纵队承担。

10 月 11 日第四军渡河成功后，沿右岸疾进，克绥靖，占领丹巴县城；第三十军也沿大金川东岸向南进攻，经一路战斗，攻占崇化、懋功；

第九军第二十七师也同时向南疾进，攻克抚边，夜袭达维，继而迅速向东南发展，攻克日隆关、巴郎关、火烧坪、邓生等地。至此，历时15天的绥崇丹懋战役以击溃杨森、刘文辉所部6个旅，毙、俘敌3000余人的战果告胜，红军占领了丹巴、懋功两县城，抚边、绥靖、崇化三屯以及达维、日隆关、绰斯甲等要镇，达到了主要的战役目的。

绥崇丹懋战役是红军以两过草地的疲劳之师，在地形十分复杂的条件下进行的，仗很难打。红军指战员机智英勇，灵活迅速，充分发挥夜摸、奇袭和小部队大胆迂回穿插等战术特长，渡激流、穿峡谷、破敌垒、夺要隘，表现了无坚不摧的优良战斗素质。

百丈决战失利 >>>

红四方面军南下川西南作战，使蒋介石将在西南地区“围剿”红军的军事重心移至重庆。

11月16日，红军攻占邛崃、名山大路上的重镇百丈。敌人赶忙出动6个旅的兵力，进行反扑。敌我激战半日，敌军被击退。红九军第二十七师乘胜沿百丈通邛崃的大路进击，势如破竹，仅第七十五团1个营即连破敌堡200多个。

11月19日拂晓，敌人十几个旅在飞机、大炮的掩护下，从东、北、南三面向突出于百丈地区5公里多长的弧形红军阵地，发起猛烈进攻。红军指战员忍着疲劳、寒冷和饥饿，与优势之敌展开浴血苦战，打响了百丈决战。

刘湘下了死命令，要川军拼死夺回百丈，援救名山守敌，临阵不前者，一律就地枪决。战斗一打响，敌人即集中强大炮火，向我阵地猛烈轰击。成批敌机盘旋上空，疯狂施行轰炸。整营整团的敌军，轮番向我阵地猛攻。从黑竹关到百丈十多里的战线上，处处是战火硝烟、刀光血影，爆炸声、枪炮声、喊杀声震耳欲聋。

红军与敌反复拉锯，血战三昼夜。敌人调兵迅速，后续力量不断增加。22日，百丈被敌突入，红军与敌人展开激战。百丈附近的水田、山丘、深沟，都成了敌我相搏的战场，杀声震野，血流满地。红军指战员有的子弹打光，就同敌人白刃格斗；有的身负重伤，拉响手榴弹，与冲上来的敌人同归于尽。百丈战斗，是一场空前激烈的恶战，打了七天七夜，红军英勇顽强，浴血奋战，共毙伤敌 1.5 万余人，但自己也付出了很大的代价，伤亡近万人。在这种情况下，红四方面军总部决定从进攻转入防御，11 月下旬，红三十军、红九军撤出百丈一带。至此，天芦名雅邛大战役被迫中止。

百丈战斗失利，在军事上的教训是深刻的。在战役指导思想上急躁、轻敌，对川军死保川西平原的决心和作战能力估计不足，战场的选择失当；另外，部队习惯于山地战、隘路战，而对平地、水田、村落战斗，则缺乏经验。百丈战斗，是南下红军由战略进攻转入战略防御的转折点，也是张国焘南下错误方针碰壁的主要标志。

红军长征史考场

问：南下红军由战略进攻转入战略防御的转折点是什么？

答：百丈战斗。

南下方针的破产

“南下是绝路” >>>

百丈战斗后，红军没有巩固的根据地，生存受到很大的威胁。进入隆冬季节，寒冷异常，风雪连绵。丹巴、懋功地区，更是下了十几年不遇的大雪，漫山皆白，地冻三尺。这对于处在困境中的红军来说，无异于雪上加霜。粮食没有来源，部队经常以野菜、土豆充饥，最好的时候也只能每日吃到两稀一干，时间一长，更难以为继。红军战士衣着单薄，不得不用棕榈制成衣服，甚至被冻死在雪地里。在这种恶劣的条件下，红军还要经常与敌人战斗，伤病增多，造成大量减员，有生力量日渐削减。

南下以来的严酷现实，深深地教育了广大的南下红军指战员，在他们中间，日益增长着怀疑和不满。越来越多的人清楚地认识到，中央关于“南下是绝路”的预见是英明的，张国焘的南下方针是错误的。

中共中央先行北上以后，一直与南下的红军总司令部和红四方面军保持着联系，一方面转告敌情、北上红军的情况以及全国的政治形势，指示行动方针；另一方面继续对张国焘的南下错误方针进行批评、斗争，同时也尽力对他进行教育、挽救，维护党和红军的团结。

北上红军胜利的消息传到红四方面军，在红军总司令部编印的半月刊

《红色战场》上连续登载后，广大指战员受到很大的鼓舞，也引起更多的人从南下与北上的鲜明对照中去思考。有不少人私下议论："还是中央的北上方针对头"，"南下没有出路"，"我们也该北上才对"。

当中共中央先行北上时，张国焘曾断言中央"率孤军北上，不拖死也会冻死"，"至多剩下几个中央委员到得陕北"，然而，中央率军北上的胜利，无疑使他的断言不攻自破。而南下以来的活生生的事实，证明了南下方针是行不通的。

张国焘执意不悔改 >>>

但是，张国焘并没有就此悬崖勒马、回心转意，他一面坚持宣扬其南下"进攻路线"的正确，一面继续进

红四方面军总指挥部在甘肃省岷县三十里铺住过的旧址

行分裂党的活动。1935 年 11 月 12 日，他在致中央的电报中，已不把中央称为中央，而是称为“毛、张、周、王、博”了，他还俨然以“中央”的口吻发出指示。

张国焘虽然狂妄地在卓木碉会议上另立了“中央”，但在会后的一段时间里，他并没有对中共中央公开宣布。因为中国共产党是隶属共产国际的支部之一，一切重大问题的决定，必须经共产国际认可，方能生效。张国焘深怕公开打出另立“中央”的旗号后，一旦被斯大林和共产国际否决，局面将不堪收拾。张国焘对此颇有顾虑，要给自己留条退路，不敢把事情做得太绝。

朱德坚决反对另立“中央”，对张国焘也起了有力的制约作用。朱德在党和红军中的巨大声望，人所共知，自从张国焘另立“中央”起，朱德就和他唱对台戏，同他斗争。

中共中央在得知张国焘另立“中央”的消息后，经分析认为，一方面应同张国焘分裂党的行为做坚决的斗争，另一方面应以最大的耐心，采取恰当的方法教育、挽救他，同时，还需要借助共产国际的权威同他进行斗争。恰好在这时，中共驻共产国际代表团成员林育英辗转来到陕北，传达共产国际七大的精神。中央决定由林育英以“共产国际代表”的身份，出

人物　林育英

事件　西南局

地点　川南

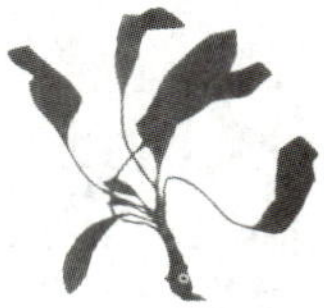

☆ 事件背景 ☆

南下的红军缺衣少食，陷入困境，还要经常与强大的敌人战斗，减员十分严重。与此同时，北上的中央红军胜利到达陕北。现实深深地教育了南下的红军指战员，在朱德等的影响下，越来越多的人认识到了“南下”的错误。中共中央一直对张国焘进行批评、教育，并且通过共产国际的代表做他的工作。

后来到达陕北的红四方面军一部

面做张国焘的工作。林育英致电张国焘，劝告他注意党内团结。与此同时，中共中央也通过朱德做张国焘的工作。

然而，张国焘对中央的劝告仍置若罔闻。他继续自称“党中央”，攻击中共中央的路线是“反党的机会主义路线”，称中共中央是“假冒党中央”，要求“自动取消中央名义，党内争论请国际解决”。

在多次电示、耐心教育挽救无效的情况下，1936 年 1 月 22 日，中共中央政治局做出了《关于张国焘同志成立“第二中央”的决定》，严肃命令张国焘立刻放弃一切反党的倾向。同时，在党的组织关系问题上仍采取变通方式，中央同意朱德的提议，在张国焘取消其另立的“中央”后，可成立西南局，直属中共驻共产国际代表团，暂时与陕北党中央发生横的关系。

这时，陈昌浩也改变了态度，表示服从共产国际的决定。张国焘成了孤家寡人，不得不在政治上表示接受抗日民族统一战线的策略路线，在组织上表示“急谋党内统一”。朱德等人趁机做他的工作，要他取消自立的“中央”，成立西南局，服从党中央的领导，其他分歧意见，待日后慢慢解决。

中共中央对张国焘的斗争和对红四方面军的关怀，在部队中也引起了强烈的反响。中央正确路线的胜利鼓舞着广大的指战员，而张国焘分裂党和红军所造成的恶果，以及南下碰壁的活生生事实，也从反面教育了广大指战员。因此，要求维护党和红军的团结，要求北上与中央会合的情绪和呼声，日渐高涨。

在这种情况下，张国焘百般为自己的错误辩解，表示同意抗日民族统一战线的新策略。但他仍不承认党中央，继续对党中央进行攻击，坚持要中央改为西北局，自己成立西南局，而另外建立一个“中央”。

由此可见，张国焘并没有放弃反对党中央的错误主张。他提出要中央改为西北局的无理要求，实际上是要取消党中央的领导。鉴于这种情况，党中央断然否定了张国焘所提出的办法。

南下方针是完全错误的 >>>

2月初，天全、芦山地区的形势日趋恶化，红军被迫撤离。徐向前见战

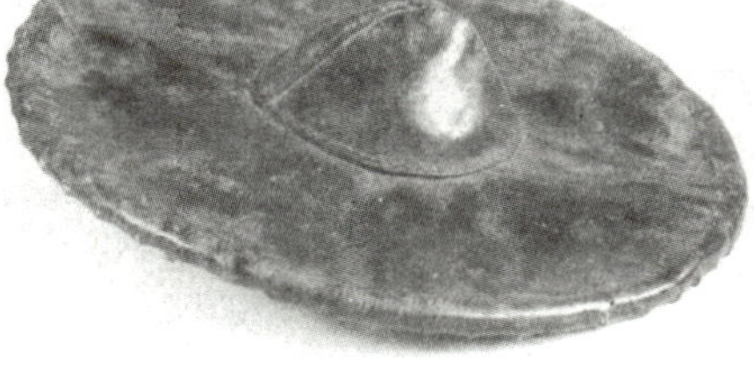

红四方面军指战员戴过的斗笠、穿过的防寒衣

局日益严重，红军愈加被动，遂向朱德提出建议红军到夹金山以西休整，“然后北上与一方面军会师”。朱德同徐向前的想法完全一致。

张国焘在南下碰壁、广大指战员的不满情绪日益增长的情况下，又见斯大林、共产国际同意红军主力北上靠近苏联，准备与苏联红军联合反对日本，也就顺水推舟，同意了北上的方案。

红军长征史考场

问：张国焘另立了“中央”，为什么没有公开宣布？

答：未经共产国际认可。

事实证明，张国焘的南下方针是完全错误的。从政治上看，它与中共中央的北上方针相对立，完全脱离了波澜壮阔的全国抗日救亡运动，只能使红军陷入越来越狭小的范围，处于愈来愈孤立的境地。从军事上看，红军南下遇到的敌人，并不是什么“川敌残部”，而是蒋介石围追红军的几十万大军，红军面对数倍于己的强敌，不断遭受重大损失。从根据地的条件看，所选择的川康边地区，是少数民族杂居区域，地瘠民穷、人烟稀少、物资匮乏、环境险恶，不利于红军的生存和发展，红军得不到兵员、物资的保障和补充。因此，张国焘南下方针的碰壁和破产是必然的，是不可避免的。

红四方面军北上

再越雪山 >>>

1936年2月11日至23日，红四方面军陆续撤离天全、芦山、宝兴地区，分为3个纵队向西康省北部的道孚、炉霍、甘孜进军。先遣司令员刘伯承和李先念率红三十军第八十九师先行，为全军开路。红军总部和红四方面军总部从宝兴出发，随第一纵队行动。

进军路上，首先要翻越位于宝兴和懋功之间的海拔3000多米高的夹金山。翻越这座雪山，对于红四方面军来说是第二次，对于原红一方面军的部队来说，已经是第三次了。前两次翻越此山是在夏、秋季，而这次却是在冬末春初时节。当地流传着这样的歌谣："正二三，雪封山，鸟儿飞不过，神仙也不攀。"这首歌谣，道出了在这一季节要翻越它，更是难上加难。然而，红军战士们凭着坚强的意志，借鉴前两次翻山的经验，第三次征服了这座雪山。

从丹巴向道孚进军途中，横亘着大雪山脉中段海拔5000多米的折多山，其主峰党岭山顶天矗立，直插云间，有"万年雪山"之称，当地人把它奉为"神山"。山上积雪终年，空气稀薄，风暴、雪崩不断。

红军战士没有被雪山吓倒，他们脚踏草鞋，身着单衣，向着它挺进了。高原地带，爬山特别费劲，越往上走，越觉得头晕脑涨，四肢无力，气都喘不过来，只能一步一步地挪。夜间，寒风怒号，大雪弥漫，气温达零下二三十摄氏度，指战员们的衣服冻成了冰，眉毛、胡子结满冰霜。

50 岁的朱德，迎着风雪，迈着稳健的步伐，给他准备的坐骑、担架，他都让给伤病员用，自己坚持步行。夜晚宿营在半山腰，冻得无法睡觉，他就给大家讲故事，鼓舞同志们战胜风暴雪山，胜利实现北上计划。徐向前和战士们一样，拄着木棍，顶着风暴，终于和先头部队一起胜利地翻越党岭山。他下令把一面红旗插在顶峰，让鲜艳夺目的红旗在风雪中飘扬，为后续部队指引前进的目标。

红军指战员以大无畏的英雄气概，征服了这座长征途中遇到的最大的雪山。

人物 朱德

事件 过雪山

地点 夹金山、党岭山

☆ 事件背景 ☆

经过中共中央和广大红军指战员的斗争，张国焘被迫取消另立的“中央”，同意北上，9 个多月的分裂党、分裂红军的活动，终告失败。南下的红军筹衣筹粮、休整补充，做好北上的准备。

做好北上准备工作 >>>

4 月上旬，红军在康北控制了东起丹巴，西至甘孜，南达瞻化，北连草地的大片地区。根据朱德的提议，红四方面军决定在这一地区休整补充，接应红二、红六军团北上。红四方面军自南下以来，多次往返雪山草地，连续进行激烈战斗，部队减员很大，从原来的 8 万多人减至 4 万多人。为充实连队，提高部队战斗力，以适应新任务的要求，红四方面军在“迎接二、六军团”“北上创造西北广大的抗日根据地”的口号下，积极开展了整编、训练、筹集粮食和衣物等项工作。

部队整编之后，立即展开了紧张的军事训练。各部队有针对性地进行打骑兵、打堡垒、夜间战斗和强渡江河等战术训练；刘伯承主持红军大学的教学工作，亲自给干部讲授打骑兵的战术问题，还编写了深入浅出的专门教材。在军事训练的同时，各部队还大力加强思想政治工作，开展文化教育和文化娱乐活动。红四方面军还成立了专门领导体育、文化娱乐活动的“红场委员会”。在五一国际劳动节和五卅运动纪念日，红军总部举行纪念大会，并由朱德倡议，举行了运动会、展览会。运动会上，最别出心裁的项目是朱德提议增设的烧干牛粪比赛，这是为北上过草地所做的必要训练。红军战士们在娱乐中得到了锻炼，增长了知识，积累了经验。

在进行军事训练的同时，各部队还开展了地方群众工作。红军刚来到这一地区时，藏民们由于受当地土司和国民党地方当局的煽动与欺骗，大

红四方面军长征时翻越过的红桥山

都躲到深山里去了。朱德一面要求部队严格执行党的民族政策，用实际行动教育藏族同胞；一面找随红军行动的通司谈话，请他带人上山寻找藏民，做宣传解释工作，动员大家回来。朱德见土地急需春耕，就发动并带领总部机关和一些部队帮助藏民把地种上。不久，藏民们陆续回来了。部队派出一批党政干部协助地方工作人员建党建政，甘孜、道孚、丹巴等县藏族人民成立了“波巴依得瓦”政府（藏族人民政府），建立藏民地方武装，以及百姓联合会、青年队、姊妹团等群众组织，帮助群众发展生产。各部队还大力开展群众性的清洁卫生工作，向藏民传授卫生知识，帮助群众治疗各种疾病。

红二方面军长征带到陕北的唯一的一门山炮

红军执行正确的统一战线政策和宗教政策，也收到了一定的成效。雄踞甘孜西部的大土司德格，同红军签订了互不侵犯协定，还捐献了一批粮食和牛羊，慰问红军。红军则派人送去一些武器、弹药，作为谢礼。白利寺的第五世格达活佛被红军的宗教政策和“解救穷人”的宗旨所感动，亲自出面召回逃匿深山的群众，并动员藏民和其他寺庙尽力支援红军。经过多方面的工作，红军在康北地区传播了革命影响，与藏民建立了良好的关系，保证了筹集物资任务的完成。

红四方面军使用过的电话

筹集粮食和衣物，是北上准备工作的又一项重要任务。由于这一带物产不丰，能筹集到的食物很有限。朱德亲自领导了一个由当地老农和医生组成的野菜委员会，并带队在漫山遍野的野草中，找出20多种可食的野菜，编写了一本《吃野菜须知》小册子,发到连队。各连队也成立了野菜组、捕鱼组、打猎组等，还自己动手，买羊毛，捻毛线，编织毛衣、毛裤、手套、袜子等。经过几个月的努力，不仅解决了自己需要的大部分御寒装备，还给即将到来的红二、红六军团的战友们编织了两万多件羊毛衣裤。

红军总部、红四方面军总部还开展了迎接红二、红六军团的动员和组织准备工作。徐向前在动员会上深情地说：“红军是一家人，我们和中央红军与二方面军的关系，好比老四与老大、老二之间的兄弟关系。上次我们和老大的关系没搞好,要接受教训。‘兄弟阋于墙，外御其侮’，吵架归吵架，团结归团结，不能分家。”

分裂活动失败 >>>

这时，红二、红六军团在任弼时、贺龙、关向应等率领下，已胜利地渡过金沙江，翻越大雪山，进入康南地区。两军会合指日可待，在这种形势下，促使张国焘取消其“中央”，实现党的统一，也成为工作的当务之急。中共中央通过电报往来对张国焘进行说服教育，并对他做了一定的让步。迫于红二、红六军团即将到来的形势，又得到中央同他“暂时采用协商方式”的允诺，以及朱德、刘伯承、徐向前等人的一再敦促、劝告，张国焘另立的“中央”再也不能继续维持下去了。尽管如此，5月30日，张国焘仍致电林育英，称中共中央为“北方局”，不承认陕北党中央。

红军长征史考场

问：红军几次翻越夹金山？

答：3次。

6月3日，红六军团先头部队在甲洼与红四方面军第三十二军会师。消息传来，不得不取消他的“中央”了。6月6日，张国焘在炉霍召开党的活动分子会议，宣布“取消中央的名义”，成立西北局，在组织上“归于统一”，但他擅自宣称党中央也“同时取消中央的名义”，陕北方面设“北方局”，中央的职权由中共驻共产国际代表团暂时行使。

至此，张国焘进行了9个多月的分裂党、分裂红军的活动，终告失败。红四方面军南下9个多月后，终于再次决定北上了。

南下突围

向湘黔边转移 >>>

1934年10月红二、红六军团会师后，蒋介石调动兵力“围剿”，企图把红军逼出湘西。在任弼时、贺龙等领导下，红二、红六军团指战员浴血奋战，半年时间里，总共进行大小战斗30余次，先后与敌人86个团直接作战，占领过7座县城，共毙伤敌人1万人以上，生俘敌人8000余人；同时，发动湘鄂川黔边区百万群众，打开新局面，创建了湘鄂川黔革命根据地。

这时，中央红军已经北上。在长江以南，湘鄂川黔苏区成了唯一规模较大的革命根据地，因此，蒋介石把湘鄂川黔根据地视为心腹之患，积极部署新的“围剿”，总兵力达到130多个团，约20余万人。

军情紧急，红二、红六军团不能在根据地固守。为此，省委和军分会

任弼时，红二方面军政委

决定，“突破敌人的围攻线，向川黔广大地区活动，甚至渡过乌江”，转移到湘黔边广大地区，争取在敌军防守薄弱的贵州相机建立新的根据地。

人物 任弼时

事件 突围战役

地点 澧水、沅江

☆ 事件背景 ☆

任弼时、贺龙等领导的红二、红六军团创建了湘鄂川黔革命根据地。中央红军开始长征后，蒋介石视其为心腹之患，部署重兵“围剿”。根据敌情，红二、红六军团决定撤出，南下敌人防守比较薄弱的贵州。

踏上征程 >>>

1935 年 11 月 18 日，贺龙下达南下突围的命令。

突围方向选择在哪里，这是关系到红二、红六军团前途和命运的问题。这步棋若走不对，就有满盘皆输的危险。为此，军分会成员反复进行了研究和讨论。最初，军分会曾设想从根据地西南方向突围，取捷径到黔东，但侦察发现，在这个方向上，要突破敌人 7 个师兵力的封锁线，代价肯定是惨重的。因此贺龙建议，先到湘中，调动敌人，然后再转入贵州。他说：“敌人追来了，我们再拖他一阵。我们分兵两路向东南兜个大圈子，索性把这帮敌人全部吸引过来。让他们跟在我们屁股后头追，弄得他们人困马乏，我们再掉转头去贵州。”大家都同意这个拖着敌人兜圈子的办法。经过分析，军分会决定把突围方向选择在南面。这个方向虽路途较远，江河纵横，会给红军行动造成一定困难，但敌人在澧水、沅江的防守比较薄弱。

11 月 19 日，红二、红六军团举行突围誓师大会。当日晚，在贺龙、任弼时、关向应等人

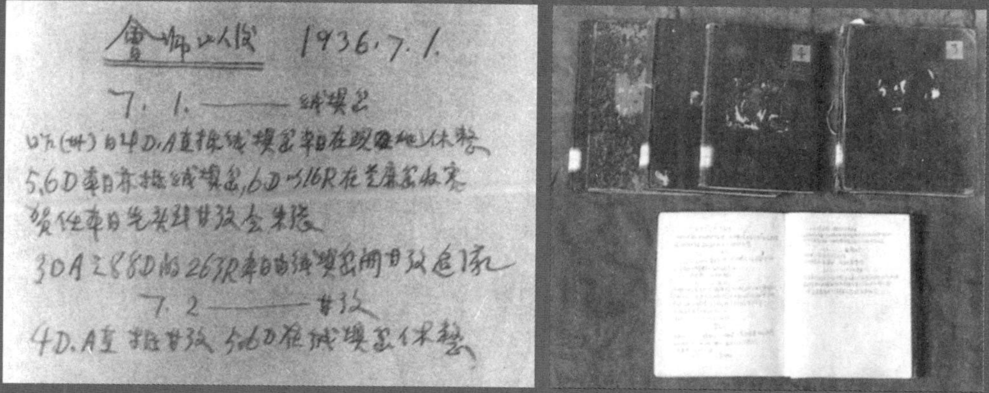

关向应的长征日记及部分手迹

红六军团部分干部在湖南省新化县合影（前排左起：左仁杰、李铨、政治委员王震、政治部主任夏曦、军团长萧克）

率领下，红二、红六军团告别了经过艰苦斗争创建的湘鄂川黔根据地，告别了患难与共的父老乡亲，踏上战略转移的漫漫征程。

突破澧水、沅江 >>>

红二、红六军团以第十七师为先头部队，第四十九团为先头团，抢渡澧水、沅江，把敌人沿江构筑的双重封锁线打开一个缺口，为全军开辟前进的通道。

11 月 20 日下午 4 时，红军先头部队到达澧水北岸大庸、慈利的交界地区。敌人没想到红军会走人迹罕至的险路，所以防守很麻痹。红四十九团在出发前已得知，澧水沿岸的船只早已被敌军控制或破坏了，于是，他们除了随身的枪、弹以外，还带有绳子、斧头、锯等。他们到达澧水北岸的潭口后，立即隐蔽在竹林里，捆扎竹排。随后，团长王烈又挑选 30 余名年轻力壮水性好的战士，组成渡河突击队，每人都配备好武器，带上 8 颗手榴弹。王烈还把全团的轻重机枪都集中起来，在岸边山梁上排开，瞄准对岸敌人的碉堡。

一切都准备就绪。待天完全黑下来之后，王烈下达了出击的命令，突击队员迅速扑向江边。刚到江边，把竹排推进水里时，敌人发觉了，顿时枪声大作。突击队顽强地向江对面冲过去，机枪阵地开火掩护。突击队到达对岸后，敌人发觉过江来的红军人数不多，便从碉堡中出来，企图乘突击队立足未稳，把突击队压回江中。幸好这时王烈率第一营赶到，一齐开火，又将敌人赶回碉堡中。于是，双方在滩头展开争夺战。第一营伤亡很大，但他们顽强地守住这个突破口，吸引了大量敌人。

乘着敌人被第一营吸引的时候，红四十九团的侦察排在下游二三公里远的地方，测出了一个徒涉点，于是红四十九团的第二、第三营急速赶去。由于敌人都被第一营吸引，这里的守备十分空虚，第二、第三营在夜幕的掩护下，很快涉水过江，一下子扑到敌人碉堡前。敌人碉堡的顶部是用稻草搭成的，里面也铺满了稻草，红军一颗手榴弹甩进去，便立刻燃烧起来。

他们打一个，烧一个，敌人的十几个碉堡很快就被烧毁了，形成了一条长长的火龙。敌人乱了阵脚，争相逃窜。第一营趁势反击，和第二、第三营胜利会合。滩头战斗结束后，红四十九团在几处同时架设浮桥，主力部队顺利跨越澧水。

尽管已十分疲劳，但红四十九团仍当夜向沅江前进，他们连续行军100公里，于11月21日晚8时赶到沅江渡口洞庭溪。红四十九团侦察排在黄昏时便赶到了。他们了解到这个渡口只有16个地方团丁把守，还不知道红军已突破澧水的消息。机不可失！侦察排悄悄摸进村子，干掉敌人哨兵，闯入营房，一枪未放，就把团丁们全部缴了械。接着，侦察排又割断电话线，封锁消息，找到过江用的木筏。红

湖南省澧水，红二、红六军团1935年11月长征时突破的封锁线

四十九团全部到达后，侦察排又悄悄过江，以同样突然的动作，解决了南岸渡口的敌人。后续部队赶到后，迅速跨过沅江，继续向湘中挺进。

指挥上的神来之笔 >>>

红二、红六军团渡过沅江后，立即按照原定计划，实施展开，兵分两路，控制了湘中广大地区，并开展各种政治攻势，宣传党的主张，发动群众，筹粮筹款。在短短的时间里，红二、红六军团共筹款数万元，扩大红军 8000 余人，壮大了自己，并在当地播下了火种。

军分会认为红二、红六军团挺进湘中的战略任务已经完成，决定退出湘中，向贵州石阡、镇远、黄平地区转移。

为了调动敌人，红二、红六军团采取声东击西战术。他们从溆浦附近的柳溪出发，向东南方向疾进，做出再渡资水的姿态；又进至湘南高沙市、洞口地区，引诱广西军阀调兵北上，然后突然掉头西进，挺进黔东；之后，红军改道南走武阳，渡过巫水，迅速北上，渡过清水江。至 12 月底，红二、红六军团到达芷江以西的冷水铺地区，终于把尾追的敌人全部甩掉。红二、红六军团从挺进湘中到此时甩掉敌人，被称为长征初期军事指挥上的神来之笔。

红军长征史考场

问：长征初期军事指挥上的神来之笔指的是什么？

答：红二、红六军团甩敌进湘。

挺进黔西

智渡鸭池河 >>>

红二、红六军团原计划在湘黔边建立新根据地，但敌人又以15个师的兵力日益逼近，加上这一带人烟稀少，粮秣匮乏，红军处于狭小的地区，不利于展开运动战。因此，红二、红六军团决定继续西进。

1936年1月20日，红二、红六军团从石阡地区出发，开始西进。敌人估计他们可能要步中央红军后尘，北渡乌江，于是在乌江两岸赶筑工事。可是，红二、红六军团却转而南下，威逼贵阳，直插黔西北。这一来，形势大变，敌人由乐观变为慌乱。

鸭池河为乌江上游河段，两岸山石壁立，河水落差大，水深浪急，十分险要，是通往黔西的必经之路。由于敌人收缩守卫贵阳，这里防守空虚，只有1个营的敌人驻守。2月1日，红二、红六军团侦察大队经过60余公里的急行军，奔袭到鸭池河渡口。守敌还在睡大觉，糊里糊涂就做了俘虏。侦察员把电线拧成铁绳，把小船固定在铁绳上，用木板连接船只搭成一座浮桥。2日下午，红二、红六军团全部渡过鸭池河天险。黄昏时分，敌增援部队才赶到鸭池河东岸，他们只捡到了红军扔下的烂鞋子和烟头。

建设黔西北根据地

渡过鸭池河之后，红军又马不停

人物 刘转连

事件 将军山之战

地点 六龙山

☆ 事件背景 ☆

红二、红六军团胜利占领黔西、大定、毕节地区，积极开展建设根据地的各项工作，创建了长征途中的唯一根据地政权——中华苏维埃川黔滇委员会。敌人再次逼来，红二、红六军团主动撤出，再一次战略转移。

蹄赶往黔西城。2月3日凌晨，红军利用当地一个保董喊开城北门，同时向城东门发起攻击。城内守敌是只有六七百人的保安队，一触即溃，红军顺利占领黔西县城。

黔西、大定、毕节地区系云、贵、川三省要冲，这里苛捐杂税多如牛毛，人民处于水深火热之中。红二、红六军团抓紧开展建设根据地的各项工作，相继建立各级革命政权，领导人民群众广泛开展打土豪、分浮财的运动。苏维埃临时政权保护民族工商业，还欢迎外地商人到苏区做买卖。由于红军纪律严明,买卖公平，苏区的各个商号纷纷开门营业，市场很快活跃起来。红军还派出许多宣传队，开展抗日救国、扩大红军的宣传工作。人民群众奔走相告，都知道红军是穷人的队伍，是专打蒋介石和抗日的，原先受到国民党反动派欺骗宣传躲入深山老林的群众，都纷纷返回家园。

黔西北是少数民族聚居的地区，红军十分注意对少数民族的工作。红六军团政委王震亲自和苗族群众谈话，对他们说："你们苗族有土司，我们汉族有地主，他们都是靠吸我们穷人血汗养肥的。虽然我们的民族不同，但天下的受苦人都是一家人，地主、土司才是我们共同的敌人。"王震的话，深入浅出，说得苗族群众连连点头："苗山的树林根连根，苗汉穷人心连

1936年2月在长征途中王震（前排左一）
与苗族群众合影

心啊！”

红二、红六军团不仅大力做好工农群众的工作，还积极开展统一战线工作。

将军山之战 >>>

红二、红六军团进入黔、大、毕地区后，敌人又做了新的部署，企图“围剿”、消灭红军。2月19日，敌人向毕节威逼。军分会电告萧克率领的红十七师伏击，阻止敌人攻击行动，掩护毕节。

将军山在大定以西10余公里处，位于六龙山南麓，山势呈南北走向。东坡面向大定，坡势平缓，长满松树和灌木丛；西坡陡峭，到处都是悬崖绝壁。将军山就像一扇巨大的石门，卡在大定通往毕节的路上，是打伏击战的好地方。

红十七师师长刘转连带领部队埋伏好，等着敌人的到来。当敌第十三师的两个团接近埋伏点时，前进的速度突然放慢了。刘转连焦急万分，紧张地思考着：敌人是发现了我们的埋伏，还是改变了行动计划？战场上情况瞬息万变，他果断地迅速调整部署。刹那间，冲锋号吹响，顿时，手榴弹的爆炸声，步枪、机枪、迫击炮声响成一片，团团硝烟夹着碎石、土块、树枝，伴着敌人的惨叫声腾空而起。敌军受到意外打击，惊慌失措，前拥后挤，队伍乱成一团。红军战士像猛虎下山一样冲下山来，与敌人短兵相接，展开肉搏，长枪、大刀、匕首各显神通，直杀得敌人血肉横飞，抱头鼠窜。

经过1个多小时的战斗，消灭了敌人1个团，后面的部队被迫缩回大定。将军山伏击战，打出了红十七师的威风，敌人一听到红十七师就胆战心惊。

再一次战略转移 >>>

将军山战斗后，红军主力多次寻机歼敌，但终因敌我力量相差太大，照此下去，红军将越来越陷于被动的境地。军分会分析形势，决定主动退出毕节城，再一次做战略转移。

2月26日晚上，毕节城小教场里灯火通明，军分会在这里召开军民大会。这次大会，既是红二、红六军团向黔、大、毕地区人民的告别会，又是向乌蒙山进军的誓师大会。会后，贺龙、任弼时、关向应等领导人同群众一起，举着火炬，进行了游行。

红二、红六军团在黔、大、毕期间，部队不但没有减员，反而增加 3000 人，已发展到 2 万余人。这不能不说是个奇迹！许多红二、红六军团的老同志后来回忆时常说："中华苏维埃川黔滇委员会是红二、红六军团长征途中创建的唯一根据地，这段时间是我们长征途中的黄金时代。"

征战乌蒙山 >>>

红二、红六军团向乌蒙山北麓前进，与敌人展开回旋战。乌蒙山气势磅礴，位于云南东北和贵州西部，海拔 2300 多米，是金沙江和南北盘江的分水岭，重峦叠嶂，逶迤千里。

3 月 3 日，红军主力进至麻姑地区，向北面的奎香前进。果然不出众人所料，敌人误认为红军要经镇雄向彝良、盐津方向突围，渡过金沙江，进入四川与红四方面军会合。"追剿"红二、红六军团的重庆行营主任顾祝同随即命令各路敌军，改变原定部署，向北堵截红军。此时各路敌军大多离红军较远，只有樊崧甫部第二十八师想抢头功，尾追红军不舍。贺龙决定利用敌第二十八师突前的机会，杀敌人一个回马枪。

3 月 8 日早晨，天刚蒙蒙亮，敌先头部队约两个加强连进入红十七师早已布好的伏击圈。红十七师当机立断，决定歼灭这股敌人。伏击部队早已按捺不住，听到令下，机枪、步枪、手榴弹，劈头盖脑朝敌人打去。300 余名敌人除死伤 30 余名外，都被红军俘虏。其余各部敌人遭到重击后，不敢再追击红军。

红军主力向滇东镇雄进军，在广德关遭到地主武装的阻击。广德关是通往黔西北的必经要道，山势险要，有"一夫当关，万夫莫开"之势。这股地主武装不自量力，扼住要隘南天门，吹嘘红军"插翅难过"。3 月 11 日拂晓，红六师派一部在正面佯攻，吸引敌人注意力，另派突击队在向导带领下，悄悄攀上悬崖绝壁，如天兵一

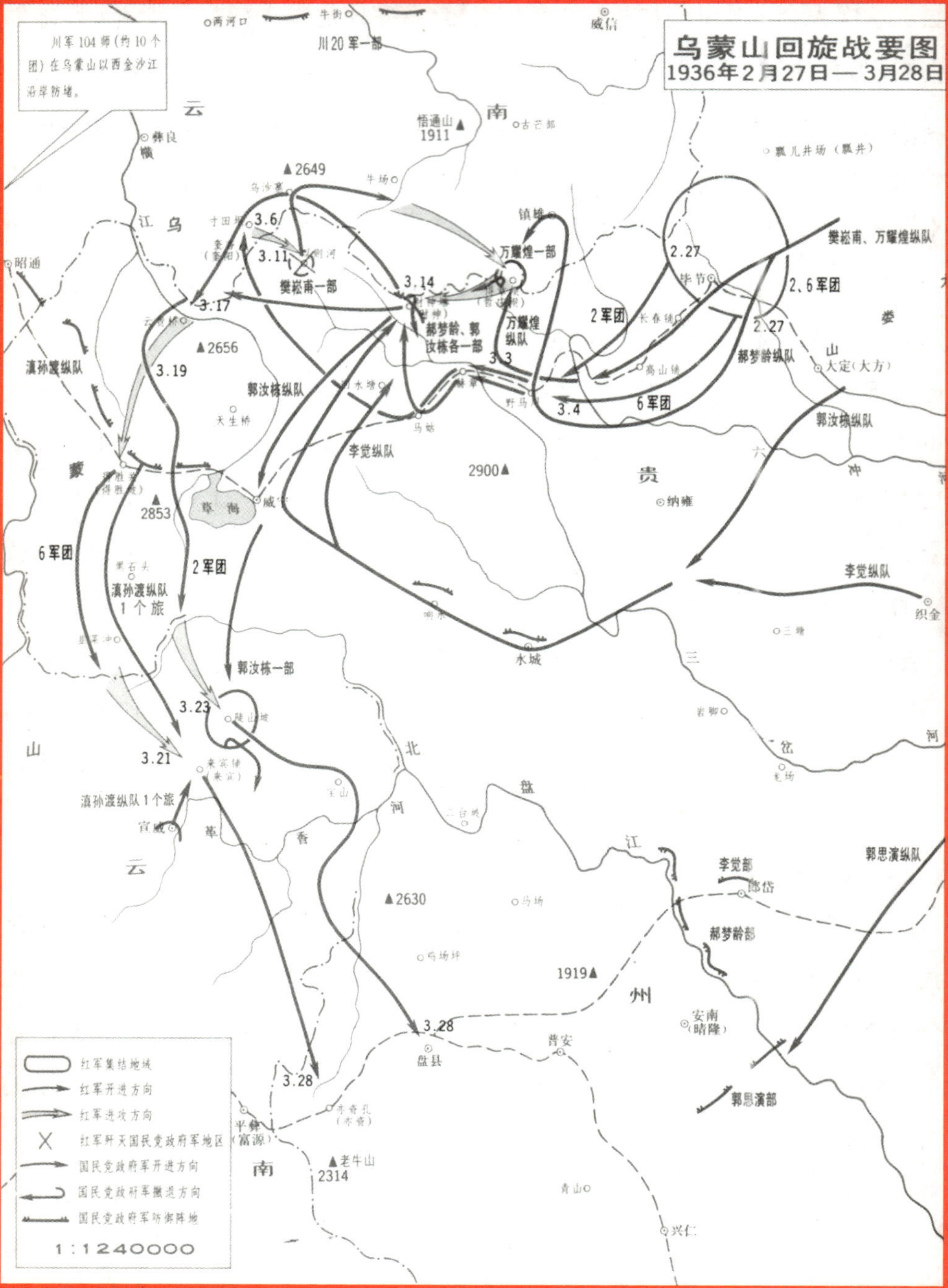

乌蒙山回旋战要图，1936年2月27日—3月28日

样突然出现在守关敌人面前。这股地主武装乃乌合之众，本想据险顽守，看到红军突然降临，纷纷逃窜。民团指挥慌得只穿了一件衬衫，鞋子也跑丢了。他的勤务兵慌慌张张地把他的衣服、铺盖塞到背篼里背起就跑，跑到很远以后听到里面有猫叫的声音，原来是慌乱中把睡在铺盖上的猫也一起背起来跑了。至今当地还流传着“猫受困”的笑话。

红二、红六军团在乌蒙山展开回旋战，一会儿向西，一会儿向南，一会儿又向东，搞得敌人晕头转向。顾祝同一会儿命令部队向这里开，一会儿又命令向那里开，部下不知所措，怨言颇多。3 月 14 日上午，红二、红六军团胜利突出重围，把敌人远远甩在后面。

红军长征史考场

问：长征途中的红二、红六军团的黄金时代指的是什么？

答：川黔滇根据地时期。

乌蒙山

渡江北上

六甲阻击战 >>>

1936年3月下旬，朱德、张国焘发来电报，希望红二、红六军团北上会师。军分会召开会议，经过分析研究，取得了比较一致的意见：在全国民众抗日救国的呼声日益高涨的情况下，红二、红六军团北上，与主力会合，开创西北革命的新局面，将更有利于全国的抗日反蒋斗争，也便于红军直接开赴抗日前线，同日本侵略军作战，担负起挽救中华民族危亡的重任。

确定北上方针之后，红二、红六军团又一次开始战略转移。红二、红六军团突然疾进滇中，蒋介石觉察出红军北渡金沙江的意图，遂急令3个纵队入滇“追剿”。

4月8日，当红四师刚刚到普渡河铁索桥时，敌人的1个旅就赶到河对岸，封锁了渡口。国民党云南省主席龙云企图在普渡河东岸拖住红军，等待援兵上来之后将红军围歼。贺龙、任弼时等同志识破龙云的企图，果断决定红军停止渡河，转移到普渡河上

红二、红六军团战士的漫画

游过河。贺龙命令红六师急速返回到六甲一带阻击敌人，掩护其他部队转移。

4月9日，红六师十八团为先头，出乎意料地出现在六甲，一下子把敌人给打晕了，很快就消灭敌人1个营。红六师的其他部队也赶到，立即抢占有利地形，构筑工事。

敌人遭到打击后，开始组织兵力，一次次地进行疯狂的反扑。红十八团连续打退敌人十几次大规模的猛扑。附近的老百姓得知红军没有吃饭，就将热气腾腾的饭菜送上阵地。得到人民群众的支持，红军指战员士气更旺了。

天色将黑时，敌人竭尽全力发动了一次进攻，战斗到了最困难的时刻。在雨点般的炮火掩护下，敌人冲上红军阵地的前沿，双方拼起了刺刀。红五师第十四团突然出现在敌人背后，一直扑到其指挥所。这是敌人做梦也没有想到的，突如其来的打击，完全打乱了他们的计划。敌人仓皇后撤，红军战士们端起刺刀直追下去。

六甲阻击战，红军歼敌700余名，给滇军沉重的一击。龙云妄图歼灭红二、红六军团于普渡河以东、功山以南地区的计划成为泡影。

人物　八大老僧

事件　过藏族区

地点　康藏高原

☆ 事件背景 ☆

为配合全国的抗日反蒋斗争，红二、红六军团决定北上，与主力会合，开创西北革命的新局面。全体指战员发扬团结奋斗的精神，打退敌人的追兵，渡过金沙江，翻过玉龙雪山，通过藏族区，准备和红四方面军会合。

石鼓渡江 >>>

六甲战斗后，军分会根据敌人兵力部署的情况，决定改由丽江石鼓一带渡过金沙江。从普渡河到丽江石鼓渡口，行程远，而且要穿越云南腹地，困难确实很大。贺龙认为：龙云把精锐派到普渡河，昆明必定空虚。红军佯攻昆明，龙云肯定会调兵守卫昆明。我们在昆明虚晃一枪，然后突然掉头，甩下敌人，到石鼓渡江。这样，虽然路多走一些，但甩开了强敌尾追，红军渡江会更顺利些。贺龙的意见得到了军分会其他领导人的一致同意。

红二、红六军团急速南下，直奔龙云的老巢昆明。龙云大惊失色，他万万没有想到红军竟来攻昆明。昆明城中空虚，龙云把军官学校的学生都拉出来守城，同时急调滇军第九旅回防昆明。昆明城内乱作一团，不少达官贵人收拾细软，准备出逃。红军乘敌回援昆明之际，突然挥师西进，当日涉水渡过普渡河。

红二、红六军团兵分两路，日夜兼程，把尾追的滇军远远地甩在后面。4月25日，红二、红六军团分别进至丽江县城和石鼓镇渡口，准备渡江。

丽江位于玉龙雪山脚下，是一个风景秀丽的山城，纳西族人民的聚居区。红二、红六军团进入滇西以来救

云南省石鼓渡口。1936年4月，红二、红六军团在此渡过金沙江

济贫苦百姓、尊重少数民族习俗等行动，早已在群众中传开。所以，当红军前卫部队到达丽江时，丽江人民推举出数百名群众代表欢迎红军。他们手持彩旗，路边摆着香案，打着欢迎"文军"的横幅，以表示对文明之师的敬意。有的红军老战士回忆说："这是部队离开湘鄂川黔根据地之后，在新区第一次见到这样鱼水交融的场面。"

蒋介石得知红二、红六军团在石鼓渡江的情报后，一面命令空军出动飞机，到石鼓一带沿江轰炸；一面命令地面部队全速追击。强敌压来，时间就是胜利。红二、红六军团开始抢渡金沙江。在石鼓以上60公里的地段，5个渡口、7只木船同时抢渡。为了跟敌人抢时间，水性好的同志拉着骡马的尾巴游过江，还有的抱着木头拖在船后过江。

这样，短短的4天时间里，红二、红六军团1.8万余人及数百匹骡马，全部渡过金沙江天险，创造了一大奇迹。滇军刘正富旅追到石鼓时，看不到一个红军的影子，迎接他们的只是红军留下的巨幅标语："接宣威，送石鼓，多谢，多谢！""来时接到宣威城，走时送到石鼓渡，费心，费心，请回，请回！"敌人哭笑不得，只好隔江胡乱放一阵枪了事。

渡江胜利结束后，红六军团军团长萧克兴奋之余，欣然命笔，赋诗《北过金沙江》一首：

盘江三月燧烽飏，
铁马西驰调敌忙。
炮火横飞普渡水，
红旗直指金沙江。
后闻金鼓诚为虑，
前得轻舟喜欲狂。
遥望玉龙舒鳞甲，
会师康藏向北方。

红二、红六军团渡过金沙江后，便沿江东岸往北走，开始翻越玉龙雪山。玉龙雪山是横断山中段的一个支脉，海拔5300多米，山上空气稀薄，积雪终年不化，并且山高谷深，素有"关山险阻，羊肠百转"之称。红军到滇西北的中甸地区，必须翻越这座雪山，别无他路可走。

红二、红六军团指战员多是江南人，习惯于南方的气候，翻越雪山对于他们来说，是一次严峻考验。山上白茫茫一片，寒气侵骨，狂风卷着大雪呼啸而来，大雨夹着冰雹倾泻而下。红军战士仍然穿着平时行军的草鞋和短裤，浑身发冷。前进的道路全被积雪覆盖，连一条羊肠小道都没有，战士们深一脚浅一脚地艰难行进着。坡陡路滑，稍不留神，就会连人带物一齐滚下山去，掉进万丈深谷。越往上走，山势越陡，积雪越深，行进更加艰难，特别是因空气稀薄，指战员们都出现高山反应，呼吸困难、头晕脑涨、恶心呕吐、腰酸腿软、无力走路，胸口好像压上了千斤巨石，透不过气来，每挪动一步，都要使出全身的力气。走累了，也不敢坐下来休息，一坐下来就再也站不起来了。

但是，红军战士是英雄汉，打不垮，拖不倒，只要还有一口气，就要战胜困难，翻过大雪山。在严重的困难面前，广大红军指战员表现出了团结互助的高尚风格。有的争着抬担架；有的搀扶着体弱的同志，自己扛双枪，背双背包；干部主动让出马给伤病员。全军上下，团结一致，互相关心，互相鼓励，终于征服了这座人迹罕至的大雪山。

顺利通过藏族区 >>>

5 月初，红二、红六军团陆续到达中甸地区。中甸是康藏高原南部的一个藏族小城。这是红二、红六军团首次进入藏族聚居区，对这里的一切都很陌生。因此，同藏族同胞搞好关系，顺利通过藏族区，成为红二、红六军团面临的新考验。

军分会要求红军指战员严格执行党的民族政策，尊重藏族同胞的生活习俗和宗教信仰，保护寺庙，并以军分会主席贺龙的名义发布告示，阐明红军的性质、纪律、政策，使藏族同胞消除疑虑。红军不杀、不抢、不拉夫，对待群众一团和气，还积极为藏族人民做好事，和藏民交朋友，与国民党军队形成鲜明的对比。藏族居民看到红军确实和其他军队不一样，渐渐地也敢和红军接触了，还帮助红军做糌粑、打草鞋。

中甸的真正统治者是归化寺。红军初到时，寺里喇嘛十分害怕，紧闭寺门。后来看到红军对藏族同胞很好，便派出代表夏那古瓦喇嘛与红军谈判。贺龙热情地接见了夏那古瓦，向他耐心地解释中国共产党的民族政策和宗教政策，说明红军保护寺院和僧侣的生命财产，请寺院帮助红军筹办粮秣。贺龙还亲自写了一封信，请夏那古瓦转交给归化寺的掌教八大老僧。

八大老僧阅信后十分高兴，他们以归化寺的名义，帮助红军购买粮秣。在归化寺的帮助下，红军两天中就筹集到5万公斤青稞。此外，归化寺还支援红军一些红糖。中甸是不产糖的，糖在康藏高原十分珍贵，归化寺拿出糖来支援红军，表明对红军怀有很高的敬意。

为了欢迎红军，归化寺还专门为红军举行了一次隆重的"跳神"活动，贺龙、任弼时、关向应等40余名红军代表应邀出席。双方互献了哈达，贺龙代表红军指战员向喇嘛们表示感谢，并向八大老僧赠送了写有"兴盛番族"的锦幛。

红二、红六军团在中甸休整了几天，5月5日出发，兵分两路继续北上，向甘孜前进。不久，两路大军分别进入西康省，踏上了与红四方面军会师的路程。

红军长征史考场

问：红二、红六军团北上创造的一大奇迹是什么？

答：全军4天渡过金沙江。

长征的胜利结束

甘孜会师

红六军团率先会合 >>>

1936年5月9日，右路的红六军团在萧克、王震率领下，离开中甸。从中甸经定乡到稻城是多雪山区，红六军团翻越了一座又一座雪山。

5月22日，红六军团进抵稻城休整。30日，离开稻城继续向北进发。当天早晨出发时，王震在队前讲话："同志们，告诉大家一个好消息，红四方面军就在甘孜，他们已派三十二军到理塘接我们来了。同志们加把劲，到甘孜与四方面军会师去！"即将会师的喜讯，鼓舞着每一个干部、战士。

6月4日，红六军团到达理塘以南的甲洼，与前来接应的红四方面军第三十二军胜利会师。当两支部队会聚到一起时，部队沸腾起来，战士们再也顾不得队形是否整齐，大家簇拥在一起，热烈握手，互相拥抱。有的战士高举着枪支，挥舞着红旗，跳着、唱着、喊着，震耳欲聋的口号声、欢呼声，此起彼落。每个人都热泪盈眶，尽情地享受这会师的欢乐。

6月22日，红六军团到达甘孜附近的普玉隆，受到红四方面军和当地藏族群众的热烈欢迎。朱德、张国焘、刘伯承等立即会见了萧克、王震等红六军团领导人。24日，在普玉隆召开了两军会师大会，朱德在会上讲话，热烈欢迎红六军团的到来。

红二军团胜利到达 >>>

人物 关向应

事件 寺院筹粮

地点 德荣

☆ 事件背景 ☆

红二、红六军团经过艰苦行程，终于在甘孜与红四方面军胜利会合。两支英雄的兄弟部队，沉浸在欢乐的气氛中。但同时，张国焘在暗中积极活动，企图用他错误的政治、军事主张影响红二、红六军团领导人，进而控制红二、红六军团。

5月5日，左路的红二军团离开中甸向甘孜前进，路上一面和阻击堵截的敌人交火，一面宣传红军的政策，得到广大汉藏百姓的拥护。

5月10日，红二军团进至德荣县城，这里人烟稀少，十分荒凉。由于受到国民党反动派的欺骗宣传，群众在红军未来之前就逃进深山。部队在中甸筹集的粮食，没几天就吃完了，全军陷于绝粮的境地。县城附近有一个寺院，里面的喇嘛得知红军来了，很害怕。关向应耐心地向喇嘛解释红军是穷人的队伍，对寺院僧侣是保护的，并请寺院帮助红军筹集些粮食。关向应的话和蔼可亲，消除了喇嘛们的顾虑，他们赠送给红军7500公斤青稞，还派人到附近村庄帮助红军筹粮。在德荣县，红二军团共筹粮3万多公斤，部队的粮荒得到缓解。贺龙亲自到寺院致谢，用黄金和白银支付粮款。

为了迎接同红二、红六军团的会合，红四方面军做了大量的准备工作。除派红四军和红三十二军南下接应外，还对广大指战员进行团结友爱、遵守纪律的教育，要求全体人员在会师后主动搞好团结。红四方面军各部队以实际行动迎接红二、红六军团的到来，他们宁愿自己忍饥挨饿，也尽量为红二、红六军团筹集粮食、食盐、牛羊；考虑到红二、红六军团从江南远道而来，对康藏高原的气候不适应，便人人动手，编织毛衣、毛裤、毛袜、毛手套，有的还将牛羊皮做成皮衣、皮鞋；把最好的房子腾出来，打扫得干干净净，铺上又松又软的麦秸；各卫生机关也准备好药品；文艺工作者还专门编写了欢迎红二、红六军团的歌曲，在部队中教唱。

6月30日，红二军团直属机关和红四师进到绒坝岔，终于与红四方面军当地驻军会合了。

欢乐的绒坝岔 >>>

6月30日这天，风和日丽，草原上充满了欢乐的节日气氛。两支从未见过面的兄弟部队，在艰苦的长征中相逢，谁能抑制住内心的激情，那股亲热劲儿，像懋功会师一样感人。红四方面军的指战员们远远望见红二军团的队伍，便飞奔向前，抢过战友们的行装背在自己的身上，紧紧地握手，深情地问候。藏族同胞也簇拥在路旁，捧着酥油、糌粑夹道欢迎。到了宿营地，红四方面军的战士立即打来热气腾腾的开水，让战友洗脚解乏，拿出

红军长征胜利到达后，红二方面军部分领导合影

甘孜，1936年6月红二、红六军团与红四方面军在这里会合

亲手打好的毛衣、毛袜，让战友们换上。往日寂静的绒坝岔，顿时沸腾了，处处洋溢着欢笑声，回响着嘹亮的歌声。

7月1日，红二、红六军团集结于甘孜附近的甘海子。朱德、张国焘、陈昌浩从炉霍赶到甘孜，会见贺龙、任弼时、关向应、萧克、王震等人。在陕北的林育英、张闻天、毛泽东、周恩来、博古、彭德怀、王稼祥、林彪、凯丰等68名党政军领导人也发来贺电，庆祝两大主力红军的会师。电报说："我们以无限的热忱庆祝你们的胜利的会合，欢迎你们继续英勇地进军，北出陕甘与一方面军配合以至会合。"

这天，两军还举行了会师大会。红二、红六军团排成整齐的队伍，分四路纵队进入会场。寺院红色的墙上，悬挂着"向英勇善战的二、六军团致敬"的大幅标语。广场上集合着红四方面军的部队，他们挥臂高呼："欢迎转战湘鄂川黔滇的二、六军团！""中国工农红军万岁！"

在雷鸣般的掌声中，朱德总司令登台发表欢迎红二、红六军团的讲话。他告诉大家一个好消息：中央已率领红一方面军胜利地通过草地，到达抗日前哨阵地陕甘地区。陕甘边根据地巩固、扩大了，红军也壮大了。听了他的讲话，两大主力红军指战员备受鼓舞。

当晚，红四方面军政治部剧团还为红二、红六军团进行了慰问演出。红二、红六军团的官兵们数月来第一次安安稳稳地坐下来观看《迎亲人》《红军舞》等精彩的文艺节目，心情十分激动。

尖锐的斗争 >>>

但是，在会师的欢乐声中，领导层中也开始了尖锐的斗争。红二、红六军团到来后，张国焘就积极活动，企图用他错误的政治、军事主张影响红二、红六军团领导人，进而控制红二、红六军团。他向红二、红六军团派出工作组，诬蔑中央和红一方面军主力北上陕甘是"逃跑主义"，是"'左'倾空谈掩盖下的退却路线"，并指名道姓地攻击毛泽东、周恩来、张闻天、博古等中央领导人。

在红二军团到达甘孜的第一天晚

上，张国焘就提出要调换红二、红六军团的领导人，要任弼时离开红二、红六军团，另派政委。他还企图拉拢王震，分化红二、红六军团。与此同时，张国焘还企图召开党的会议，利用组织手段，迫使红二、红六军团领导人支持他的主张，受到任弼时等人的抵制。

两军会师后，朱德、刘伯承等人也在积极做红二、红六军团领导人的工作，向他们介绍张国焘搞分裂活动的真相。朱德见到任弼时以后激动地说：“好喽！你们这一来，我的腰杆也硬啦！”他和刘伯承同任弼时、贺龙、关向应等人秉烛长谈，详细地介绍红一方面军与红四方面军会师后的情况，以及张国焘另立“中央”，分裂党、分裂红军的活动。

同时，贺龙、任弼时、关向应等人也多方面地了解张国焘反对党中央北上方针、进行分裂活动的前后经过，心中更加清楚了。他们自觉地同朱德、刘伯承站在一起，同张国焘进行斗争，既坚持原则、敢于斗争，又注意讲究方法策略、顾全大局、维护团结，推动张国焘北上。

为了同中央直接联系，任弼时从张国焘那里要来了同中央联系的电报密码本。从此，红二、红六军团同中央的联系又恢复了。

红二、红六军团在甘孜与红四方面军会师后，经过短暂的休整，便与红四方面军一起北上，踏上了长征的最后征程。

红军长征史考场

问：红二、红六军团与红四方面军在何地会师？

答：甘孜。

关向应，红二军团副政治委员

红二、红四方面军北上

过草地>>>

1936年7月5日，中革军委下达命令，以红二、红六军团以及红三十二军组成红二方面军，贺龙为总指挥兼第二军军长，任弼时为政委兼第二军政委，萧克为副总指挥，关向应为副政委；陈伯钧为第六军军长，王震为政委；罗炳辉为第三十二军军长，袁任远为政委。中央的这一决策，把红二方面军置于党中央的直接领导之下，杜绝了张国焘对这支英雄部队染指的企图。

7月上旬，红二、红四方面军按照既定的北上部署，分三路纵队陆续出发北上。由于这次北上目的明确，广大红军指战员兴高采烈，精神焕发，勇气倍增。

这次北上，首先要跨过茫茫草地。红二方面军是第一次过草地。短期筹粮之后，7月30日至8月初相继进入茫茫无际的大草地。

草地的气候恶劣，一日数变，一会儿天晴，一会儿乌云满天，一会儿刮大风，一会儿下大雨，一会儿下大冰雹，有的人被冰雹砸伤了，有的骡马被打死了。白天行军还能勉强承受，但夜晚露营就很难过了，不少体弱的同志经受不住饥寒交迫牺牲了。如果不小心，或者走错路，就会掉进稀泥坑里，遭受灭顶之灾。

除了恶劣的天气和可怕的泥沼以

外，对红军指战员的另外一个严重威胁就是饥饿。在进入草地不久部队就断粮了，红军指战员只好靠野菜、草根充饥，有的误食毒菜、毒草后，全身浮肿；到了后来，连野菜、草根也采不到了，甚至连皮带、枪带、皮鞋、马鞍也煮着吃了，有人甚至到牛粪里去拣那些牛没有消化的粮粒。从甘孜到阿坝这一路，饿死、冻死、病死的战士就有750多人。为了战胜困难，贺龙组织大家想尽一切办法寻找吃的东西，他还亲自到小河边钓鱼。贺龙骑的枣红马，随他转战南北多年，救过他的命，是他最心爱之物。看着战士们因饥饿而浮肿的脸庞，贺龙狠了狠心，让人把他的枣红马拉去杀了，把马肉分给战士们吃。

尽管面临着严重的困难，但红军战士还是始终保持着革命必胜的信心和高度的乐观主义精神。他们在茫茫的草地上，围着篝火，唱起了新编的《牛皮腰带歌》：

1936年7月，红六军团经过今班马县扎洛村所留下的碉堡旧址

牛皮腰带三尺长，
草地荒原好干粮。
开水煮来别有味，
野火烧熟分外香。
一段用来煮野菜，
一段用来熬鲜汤。
有汤有菜花样多，
留下一段战友尝。

人物　朱德
事件　岷洮西战役
地点　甘南岷县

岷洮西战役 >>>

蒋介石的重庆行营得知红二、红四方面军由松潘草地北上后，向川康甘青 4 省各部队发布命令，要其凭借天然险要及原有碉堡线，采取攻势防御，将红二、红四方面军封锁在草地内，阻止红军三大主力会师。

中共中央对于红二、红四方面军迅速北上，实现三大主力红军会师，迎接抗日斗争的新高潮，寄予厚望。中共中央不断地向北上途中的红二、红四方面军通报敌情，介绍全国革命形势的发展，鼓励两个方面军战胜一切困难，团结前进；同时还动员红一方面军和陕北苏区全体人民，粉碎敌人的进攻，配合、迎接红二、红四方面军北上。8 月 5 日，朱德总司令签发命令，决定红二、红四方面军共同组织岷（州）、洮（州）、西（固）战役，在运动中大量消灭敌人，

☆ 事件背景 ☆

红二、红六军团以及红三十二军组成红二方面军，与红四方面军一同北上。敌人为阻止红军三大主力会合，派重兵堵截，企图把红军封锁在草地。红二、红四方面军共同组织岷（州）、洮（州）、西（固）战役，大败敌军，打破了敌人的封锁，为三大主力会师创造了条件。

先机取得岷、洮、西地区，主力向天水、兰州方面进展，策应红一方面军，一致消灭敌人。

岷县古称岷州，为陇南重镇，这里是敌鲁大昌的老巢，他多年来苦心经营，除筑有坚固的城防工事外，还将海拔 3000 多米的二郎山与城连在一起，筑成了山城互相依托的防御体系。红军从东、西两面同时架云梯猛烈攻城，一部分战士冲上城头，同敌人展开激烈搏斗，经过 3 个多小时的殊死争夺，歼敌 1400 多名，但终因敌居高临下，城防工事坚固，红军猛攻数次仍未破城。经过几天的攻城，鲁大昌看到自己已伤亡 3000 多人，不得不要求停战谈判，表示只要红军停止攻城，走哪条路他都不放一枪。于是，红军以部分兵力围困、监视敌人，大部兵力在城周围进行休整，发动群众，扩大红军，建立政权。

红军长征史考场

问：岷洮西战役历时多少天？

答：34天。

在围攻岷县的同时，红军另一部攻克临潭旧城；随后与前来进犯的马步芳骑兵第一旅苦战一周，打退了敌人数十次进攻；20 日，又以迅雷不及掩耳之势一举攻克洮州城，全歼守敌 1 个营。

岷洮西战役从 8 月 5 日开始，至 9 月 7 日结束，历时 34 天，是红二、红四方面军走出草地后，进入甘南地区第一次大规模的作战行动。红军先后进占漳县、临潭、渭源、通渭四座县城及岷县、陇西、临洮、武山等县的广大地区，歼敌 7000 余人，粉碎了敌人阻止红二、红四方面军北进的计划，为红军立足甘南和三大主力红军会师创造了条件。

三军大会师

会宁会师 >>>

1936年9月30日，红四方面军4万多人，分为五路纵队，向通渭、庄浪、会宁、静宁疾进。中共中央也同时部署兵力策应红四方面军北上。10月2日，红十五军团独立支队袭占会宁县城。敌人纠集两个团的兵力反扑，企图把会宁夺回去。红一军团第一、第二师及时赶到，和红七十三师一起，在会宁城外将反扑之敌击溃，使会宁牢牢地控制在红军手里。这就为红一、红四方面军在会宁会师创造了条件。

留守会宁的红一军团第一师师长陈赓组织部队和群众，腾房子，打扫院子和街道，张贴欢迎标语，把古城会宁打扮得面貌一新，像过盛大的节日。1936年10月9日，朱德、张国焘、徐向前、陈昌浩等率领红军总部和红四方面军直属队进入会宁城。徐向前见到自己的老战友、老部下陈赓，格外亲切。

10月10日，红一、红四方面军在会宁文庙前的广场上举行庆祝会师大会。会场上歌声嘹亮，欢天喜地。徐向前总指挥首先讲话，他说："同志们！今天，我们一、二、四方面军经过千难万险，终于胜利会师了！"顿时，全场爆发出热烈的掌声。朱德在讲话中阐述了长征胜利的意义，强调了团结的重要性，号召部队会师以后"更要团结一心，互相尊重，并肩作战，战胜我们共同的敌人”。

庆祝大会上还宣读了中共中央、中革军委、中华苏维埃中央政府为红军三大主力会合给全军的贺电。贺电号召全体指战员：“我们即刻就要进入新阶段了，这就是抗日民族革命战争的新阶段。……我们要在这个新阶段中，树立全国人民的模范，树立抗日战线的模范，争取一切国民党军队加入抗日民族统一战线，开辟抗日前进道路，扩大抗日根据地，巩固抗日根据地，为保卫西北而战，保卫华北而战，

甘肃省会宁城西关，红一、红四方面军在此庆祝会师

保卫全国而战，为收复失地而战，为联合工农商学兵、联合各党各派各界各军、驱逐日本帝国主义出中国而战。”

红四方面军的长征，从 1935 年 3 月强渡嘉陵江西进开始，到 1936 年 10 月会宁会师结束，历时 1 年零 7 个月，途经川、康、青、甘 4 省，行程近万里。由于张国焘的错误，使红四方面军的长征经过了一个艰难曲折的过程。在朱德、刘伯承、徐向前以及广大红军指战员的斗争下，红四方面军排除了张国焘的干扰，经历了无数次战斗，粉碎了数十万敌人的围追堵截，终于完成了北上的战略转移任务。

人物 卢冬生

事件 阻击战

地点 六盘山

☆ 事件背景 ☆

1936 年 10 月，红一、红二、红四方面军终于胜利会师。历时两年、行程数万里的长征，终于胜利结束。

突围北上 >>>

红四方面军北上静宁、会宁后，敌胡宗南、毛炳文、王均部一齐向红二方面军猛扑过来。贺龙、任弼时、关向应命令部队向通渭地区开进。敌人集中优势兵力进行追堵。这是红二方面军最危险的一次突围转移。

10 月 9 日、10 日，红二方面军两路纵队分别抵达甘谷、武山一带，准备抢渡渭水。这几日连降大雨，渭水骤涨；天水一带的敌人紧紧追来，敌人的飞机也一直紧跟着猛烈轰炸，疯狂扫射。是否能渡过渭水，成为红二方面军的一大难关。贺龙、任弼时、关向应等领导人处变不惊，亲自指挥渡河。战士们冒着枪林弹雨，往返数次，将伤病员也全部送到了渭水北岸。由于上游突发山洪，河水骤涨，有些体质较弱的战士，不幸被水冲走。这些参加万里长征的优秀战士，在大会师前不幸牺牲，广大指战员悲痛万分。

部队渡过渭水之后，向会宁方向疾进。这时，天上有敌人的飞机侦察、轰炸，地上有重兵追击。10 月 16 日，红二方面军进至六盘山南山脚下，骄狂的敌人派人送来恐吓信，声称在几小时之内，要把红军消灭在六盘山下。红四师奉命在六盘山南山脚下阻击敌

长征到达陕北后的红一、红二、红四方面军与红十五军团团以上干部在陕西宫和镇合影

人，掩护全军从北山脚绕道转移。师长卢冬生对红四师指战员们说：“咱们是一个师，只不过1000多人，敌人是两个军，上有飞机，下有骑兵。只要咱们阻住敌人，主力就能顺利地从北山脚转移。这是关系全军的重要一仗，必须打好。”英勇的红四师下定决心，“人在阵地在”，顶住了敌人飞机的狂轰滥炸和步兵、骑兵的轮番进攻。血战两天两夜之后，红四师胜利地完成了阻击任务，在主力部队全部通过六盘山之后，他们趁着夜色撤出阵地，北上和主力会合。

这次夺路北进，是红二方面军长征中经历的最危险和损失最大的一次。数千名红军战士，以及多位优秀的红军将领，把自己的鲜血洒在了甘南的土地上。

将台堡会师 >>>

早在9月份，红一军团第一师第三团就奉命到达静宁一带，准备迎接红二、红四方面军。红二方面军冲破优势敌人的围追堵截，历尽艰险，到达甘肃、宁夏交界的兴隆镇。消息传来后，红三团和兴隆镇群众立刻沸腾起来。战士们和群众一起忙着打扫卫生，杀猪宰羊，家家户户张灯结彩，镇边的围墙上贴满了欢迎的大标语，在镇口扎起了高大的牌楼，在镇西北河滩上搭起了舞台，准备迎接红二方面军。10月22日，红二方面军总指挥部到达离此不远的将台堡，同红一军团的第一、第二师胜利会师。

参加红军的部分藏族战士到达陕北后合影

两军会师后，红一方面军送给红二方面军大批的物资和银圆，表示欢迎和慰问。贺龙连声说：“好！好！多年来盼望见到中央红军，今天终于实现了。一方面军生活也很艰苦，还给我们送来这么多东西，太感谢你们了！”

10月24日，中共中央派邓小平等前来慰问，并传达瓦窑堡会议精神和毛泽东《论反对日本帝国主义的策略》的报告。接着，11月19日，中共中央又派周恩来带着人民剧社，到红二、红四方面军进行慰问演出。周恩来、贺龙这两位南昌起义的领导人，在阔别了8年之后又重逢了。

红军长征史考场

问：红二方面军长征中最危险和损失最大的一次行动是哪次？

答：分路北进。

红二方面军的长征，从1935年11月19日南下湘中开始，至1936年10月22日在将台堡与红一方面军会师止，历时11个月，行程8000余公里，转战湘、黔、滇、康、川、青、甘、陕8省，进行大小战斗110多次，攻克城市39座。沿途组织发动群众，宣传党的各项政策，播下了革命的种子。红二方面军长征比红一、红四方面军晚，这时敌人已有一些围追堵截的经验，因而，红二方面军的长征更困难些。但是，广大红军指战员怀着坚定的革命信念，战胜了数十万敌人的围追堵截，终于取得了长征的胜利。

以红军三大主力会宁、将台堡会师为标志，历时两年、长达数万里的红军长征，宣告胜利结束。

长征的最后一仗

敌人组织最后的"围剿" >>>

红军三大主力在西北会师，对国民党在西北地区的统治造成严重的威胁。两年来一直围追堵截红军的蒋介石十分恐慌，他不甘心自己的失败，立即调集几十万大军，企图在西北地区将红军一举歼灭。

蒋介石的"剿共"部署分为两步：第一步，组织"通渭会战"，目的是要在西兰大道地区，给红军主力以致命的打击，防止红军西渡黄河，进据河西地带。第二步，组织最后"围剿"，集中几十万大军，配属100架新式战斗轰炸机，采用稳扎稳打、步步为营战术，将红军主力压迫至黄河以东、西兰大道以北地区，一举消灭。同时，乘机观察张学良、杨虎城的动向，若张、杨拒绝"剿共"，则将其撤职查办，并将东北军、西北军调离西北地区，肢解消灭。

1936年10月上旬，不愿打内战的张学良就把蒋介石的"通渭会战"计划通报中共中央，提议红军及早进行宁夏战役，打通苏联。中共中央和中革军委在征求各方面军领导人的意见之后，决定提前执行宁夏战役计划。各个方面军立即开始行动。

10月21日，敌人发起攻击。次日，蒋介石由南京飞抵西安，督促东北军、西北军参战。敌人依仗优势兵力和步步为营的战术，向红军扑来，攻势凶猛，西北战场的形势对红军越来越不利。

被追放弃宁夏战役计划 >>>

人物　胡宗南

事件　山城堡大捷

地点　环县以北

☆ 事件背景 ☆

红军主力会师后，蒋介石十分恐慌，他调集几十万大军"剿共"。红军三个方面军相互配合作战，取得山城堡战役的大捷，挫败了蒋介石的军事进攻，稳定了陕甘宁根据地的局面。山城堡战役是红军长征的最后一仗。

面对敌人的强大攻势，中革军委决定红军各部队逐次转移，诱敌深入，伺机打击胡宗南部。蒋介石错误地认为，红军已经溃不成军，正向西北撤退，于是命令各部疾进追击。中革军委为阻击南线敌人的猛追，加强三个方面军的协同作战，任命彭德怀为前敌总指挥兼政治委员，刘伯承任参谋长，准备组织海（原）打（拉池）战役，重点打击蒋的嫡系胡宗南部。

海打战役计划，是红军为击破胡宗南部而部署的一场关键性战役，如果能够实现，就可以遏止他进攻的势头，为宁夏战役创造条件。张国焘虽表示同意，但实际上他并没有按照计划行事。由于担任重要作战任务的红四方面军3个军未到达指定位置，致使红一方面军主力的右翼完全暴露在敌人面前。面对这种情况，红军不得不放弃海打战役计划，主力由打拉池向东转移。

海打战役计划未能实现，为贯彻中革军委继续争取实现夺取宁夏的计划，前敌总指挥部又在11月1日做了新的部署。但这时敌人已进至靖远、打拉池、中卫等地，打通了增援宁夏的通路，河东红军主力与河西徐向前、陈昌浩指挥的 3 个军的联络被隔断了。这样，宁夏战役计划便无法实现。

山城堡大捷 >>>

11 月 8 日，中共中央根据情况的变化，放弃宁夏战役计划的执行，提出了一个新的战略计划设想：三个方面军主力 11 月份继续在现地区作战，并以一部兵力佯示红军欲渡黄河，引敌北进宁夏。

按照新的战略计划，红军主力于 11 月 12 日从同心城、王家团庄、李旺堡之线开始东移。这时，胡宗南部孤军突出，使原先海打战役计划消灭其部 1 至 2 个师的战机再度出现。

11 月 16 日，红军参战各部队开始向山城堡南北地区集结。同日，中革军委向红军各级军政领导人发出指示，要求立即进行政治动员，使广大指战员明白这一战役的重大意义。中革军

山城堡战役旧址

委还向陕甘宁省委发出指示，动员工作人员及苏区群众援助红军，一致对敌，紧急筹集粮食一个月，并在敌人进犯地区实行坚壁清野。在中革军委的指示下，在地方党组织的带领下，全苏区军民士气高涨，随时准备投入打击胡宗南部的战斗。

胡宗南部找不到粮食，开始闹起粮荒，屡屡向蒋介石发电告急。11月17日，胡宗南部第二旅在萌城以西地区被红四、红三十一军击溃，伤亡600余人。

参加长征的部分女同志，左起：陈琮英、蔡畅、夏明、刘英

决战时刻到来了。11月18日，毛泽东、朱德、张国焘、周恩来、彭德怀、贺龙、任弼时联名下达《关于粉碎蒋介石进攻的决战动员令》。

山城堡位于环县以北，洪德城和甜水堡中间，附近沟壑纵横，地形复杂，对红军设伏十分有利。红军各部队隐蔽起来，敌机白天侦察时没有发现，胡宗南就狂妄地认为“红军不堪一击，已向盐池方向撤退”，即令所部向盐池方向开进。

敌第七十八师钻入红军预先布置好的“口袋”。战斗从11月21日黄昏打起，一直打到第二天上午结束。红军截断敌人西逃的退路，从东、南、北三个方向向敌人展开猛烈攻击，用手榴弹将敌人的临时堡垒一个一个地炸毁，一连占领10个堡垒，又把敌人几处主要阵地都拿下来。

敌人开始还拼命顽抗，后来就变成拼命逃跑。陈赓师长派警卫员跑上山，口传师长的命令：“追！追！追！”此时此刻，这三个明确简洁的“追”字，比任何字句、任何语言都有力，战士

右起：毛泽东、朱德、周恩来、博古在陕北合影

红军长征史考场

问：红军长征的最后一仗是哪次？

答：山城堡战役。

们如同出山的老虎，挥着雪亮的马刀猛追，不给敌人喘息的机会。

胡宗南的所谓“精锐”，白天打阵地战还有一套，可是，夜里碰上红军这些擅长夜战的老虎就连绵羊也不如了。特别是被冲垮以后，兵离了官，官没了兵，完全变成了散沙一把、乱石一堆。有的士兵知道红军的俘虏政策，跑不动了，干脆找个坑蹲起来；有的夹在人群中，不知天南地北地乱跑，天亮一看前后全是红军，就把枪一丢，坐下去不动了。

经过激烈的战斗，红军将敌第七十八师第二三二旅及第二三四旅的 2 个团全部歼灭。与此同时，胡宗南派向盐池方向进攻的另外几个师也被红二十八军击溃。胡宗南部只好全线撤退，不得不停止对红军的进攻。

山城堡战役是三大主力红军会师后，取得的第一次重大的军事胜利，也是长征胜利结束前的最后一仗。山城堡战役的胜利，是中共中央、中革军委英明决策，红军各部队团结战斗的结果。这一仗挫败了蒋介石的军事进攻，稳定了陕甘宁根据地的局面。

经过两年的殊死战斗，红一、红二、红四方面军和红二十五军，终于战胜了围追堵截的敌人，克服了数不清的艰难险阻，先后到达陕甘地区，胜利地结束了长征。

附录一　长征中的重大会议

会议名称　通道会议
召开时间　1934年12月12日
召开地点　湖南省通道县
意　　义　研究了军事问题，虽然没有就战略方针的转变问题取得一致意见，但促进了这个问题的解决，从而为而后黎平会议决策红军战略计划转变，做了必要的准备。

会议名称　黎平会议
召开时间　1934年12月18日
召开地点　贵州省黎平县
意　　义　确定了向贵州转兵的战略决策，使红军争取了主动。是长征以来具有决定意义战略转变的关键，为遵义会议的召开做了重要的准备。

会议名称　猴场会议
召开时间　1935年1月1日
召开地点　贵州省瓮安县
意　　义　再次否定了李德等人回头东进与红二、红六军团会合的错误主张，重申黎平会议决定，做出《关于渡江后新的行动方针的决定》，基本结束了“三人团”对红军的军事指挥权，初步形成以毛泽东为核心的军事指挥中枢，为遵义会议的成功召开奠定了基础。

会议名称　遵义会议
召开时间　1935年1月15—17日
召开地点　贵州省遵义市
意　　义　纠正了当时具有决定意义的军事上和组织上的错误，确立了以毛泽东为代表的党中央的正确领导，使党中央和中央红军得以在极其危急的情况下保存下来，胜利地完成长征，打开中国革命的新局面。这在党的历史上是一个生死攸关的转折点。

会议名称　扎西会议
召开时间　1935年2月5—9日
召开地点　云南省扎西
意　　义　长征中一次十分重要的会议，实际上是遵义会议的继续和最后完成，为实现长征中的战略转变，进行了切实的指导和部署。同时开始了以张闻天负总责任和以毛泽东为红军实际上最高领导的互相配合，领导全党全军的新格局。

会议名称　会理会议
召开时间　1935年5月12日
召开地点　四川省会理
意　　义　总结了遵义会议以来在川滇黔边实行大规模运动战的经验，讨论了渡江后的行动计划。

会议名称 两河口会议
召开时间 1935年6月26日
召开地点 四川省懋功以北
意　　义 确定了红一、红四方面军共同北上建立川陕甘根据地的战略方针。

会议名称 芦花会议
召开时间 1935年7月21—22日
召开地点 四川省黑水县泽盖乡芦花村
意　　义 全面总结了红四方面军的历史经验，红一、红四方面军领导人在会上开诚布公地交换意见，对于增进红一、红四方面军之间的相互了解与兄弟团结，统一部队组织与指挥，起了一定的作用。

会议名称 沙窝会议
召开时间 1935年8月4—6日
召开地点 四川省松潘县毛儿盖沙窝寨
意　　义 重申了两河口会议的北上战略方针，对于加强红一、红四方面军的统一领导与团结，坚定创建川陕甘根据地的必胜信心，起了积极的作用。同时，这次会议也开始公开暴露出张国焘与党中央的政治分歧。

会议名称 毛儿盖会议
召开时间 1935年8月20日
召开地点 四川省松潘县毛儿盖
意　　义 这次会议是两河口会议、沙窝会议的继续和发展。确定了以岷州洮河为中心向东发展的行动方针，是对两河口决定的补充，对于明确红军主力发展方向，克服张国焘的分裂主义危险，起了积极的作用。

会议名称 俄界会议
召开时间 1935年9月12日
召开地点 甘肃省迭部县俄界
意　　义 克服了张国焘搞分裂造成的危局，保证了北上方针的实现。

会议名称 榜罗镇会议
召开时间 1935年9月28日
召开地点 甘肃省通渭县榜罗镇
意　　义 解决了俄界会议所未能解决的在陕甘建立根据地的具体目的地问题，确定了保卫与扩大陕北苏区根据地的重大战略决策，这对于党中央把陕北作为抗日的前沿阵地和领导中国革命的大本营，具有决定性的意义。

会议名称 吴起镇会议
召开时间 1935年10月22日
召开地点 陕西省赤安县吴起镇
意　　义 对俄界会议以后红军的行动进行了总结，确定了新形势下红军的任务。为1935年11月上旬中央红军同西北红军顺利会师做了准备，对团结和会聚西北革命力量起了重要作用。这次会议为我们党由土地革命战争向民族革命战争的转变和党在西北地区开始建立抗日反蒋统一战线，做了重要的准备。

附录二　长征中党和红军领导人及部分将领

博　古　中央政治局委员、临时中央负责人
张闻天　中央政治局委员
毛泽东　中央政治局委员
朱　德　中央政治局委员、红军总司令
周恩来　中央政治局委员、红军总政委
陈　云　中央政治局委员
王稼祥　中央政治局候补委员、红军总政治部主任
刘少奇　中央政治局候补委员
刘伯承　红军总参谋长
叶剑英　军委纵队司令员
彭雪枫　红一方面军师长兼政委
陈　赓　红一军团第一师师长
林　彪　红一军团军团长
聂荣臻　红一军团政委
罗荣桓　红一军团政治部主任
左　权　红一军团参谋长
邓小平　红一军团政治部宣传部长
杨得志　红一军团第一团团长
刘亚楼　红一军团第二师政委
耿　飚　红一军团第四团团长
贺　龙　红二方面军总指挥
萧　克　红二方面军副总指挥
任弼时　红二方面军政委
关向应　红二方面军副政委
贺炳炎　红二方面军第五师师长
廖汉生　红二方面军第六师政委
王　震　红二方面军红六军团政委
张国焘　红四方面军军政委员会主席
徐向前　红四方面军总指挥
陈昌浩　红四方面军政委
许世友　红四方面军第四军副军长
程子华　红二十五军军长
徐海东　红二十五军副军长
杨成武　红一军团第四团政委
肖　华　红一军团第十五师政委
彭德怀　红三军团军团长
杨尚昆　红三军团政委
杨　勇　红三军团第十团政委
张爱萍　红三军团第十一团政委
黄克诚　红三军团第四师政委

图书在版编目（CIP）数据

红军长征史：青少年图文版 / 张树军，杨婷编著．— 沈阳：万卷出版公司，2016.8（2021.6 重印）
ISBN 978-7-5470-4230-4

Ⅰ．①红… Ⅱ．①张… ②杨… Ⅲ．①中国工农红军长征－青少年读物 Ⅳ．① K264.409

中国版本图书馆 CIP 数据核字 (2016) 第 156771 号

出版发行：北方联合出版传媒（集团）股份有限公司
　　　　　万卷出版公司
　　　　　（地址：沈阳市和平区十一纬路25号　邮编：110003）
印 刷 者：辽宁新华印务有限公司
经 销 者：全国新华书店
幅面尺寸：170mm×230mm
字　　数：235千字
印　　张：17
出版时间：2016年8月第2版
印刷时间：2021年6月第18次印刷
责任编辑：张鸿艳
装帧设计：徐春迎
责任校对：刘　洋
ISBN 978-7-5470-4230-4
定　　价：39.80元

联系电话：024-23284090
传　　真：024-23284521
E-mail：vpc_tougao@163.com
